나그네 같은 인생,
삶의 지혜와 위로를 찾아서

- 아름다운 동행 · 행복한 공존 -

나그네 같은 인생,
삶의 지혜와 위로를 찾아서

1판 1쇄 인쇄 2019년 8월 26일
1판 1쇄 발행 2019년 8월 30일

지은이   이 국 환
펴낸이   나 영 찬
펴낸곳   MJ미디어
출판등록 1993. 9. 4. 제6-0148호
주소   서울시 동대문구 천호대로 4길 16(신설동 기전빌딩 2층)
전화   02-2238-7744
팩스   02-2252-4559
홈페이지 kijeonpb.co.kr

ISBN 978-89-7880-286-4

정가 15,000원

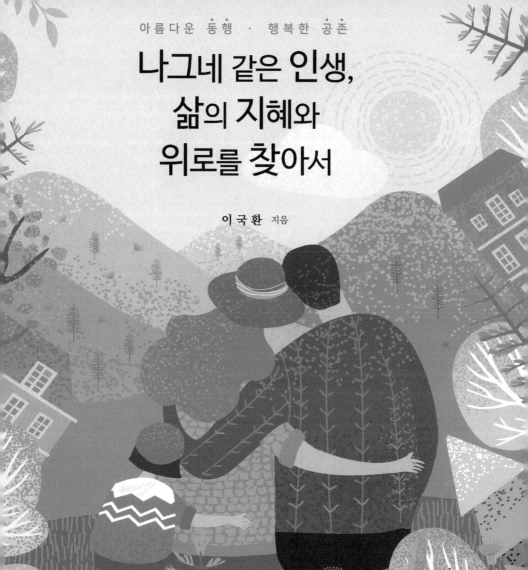

아름다운 동행 · 행복한 공존

나그네 같은 인생,
삶의 지혜와
위로를 찾아서

이국환 지음

MJ미디어

산다는 것은 동행이자 공존이다. 인생이라 하는 삶은 희로애락의 여
정이다. 살다보면 우리는 너무 많은 것들을 보고, 듣고, 말하고, 경험하
면서 깨닫는다. 즐겁고, 기쁘고, 행복하고, 희열을 느끼는 반면에 슬프
고 쓰라리고 아프고 애달픈 일들도 겪는다. 새로운 희망과 도전에 충만
한 동력이 생기는 반면 고난과 고통과 어려움이 느닷없이 엄습해 좌절
감에 빠지기도 한다. 우리는 삶을 통해서 배운다. 삶을 이루어 나가는 것
은 우리들의 힘과 노력으로만 성취되고 이루어지는 것이 아니라고. 분명
한 것은 신(神)이 우리의 운명에 개입하고 있다는 것을 자각한다. 그리
고 삶은 변화되는 전기를 맞는다. 참 안타까운 것은 소위 말하는 세속의
노예가 되어 돈을 탐하고, 권력을 탐하고, 명예를 탐하는 현상들이 슬프
게 한다. 중국 천하를 처음으로 통일했던 진나라 시황제(기원전 259년~
기원전 210년)도 불로장생을 꿈꿨지만 49세 밖에 살지 못하고 그토록 집
착했던 이생을 등졌다. '인생을 나그네길'이라 말하지만 그런 말들은 자
신에게는 적용되지 않는 그저 허공에 메아리치는 말로 들린다. 그냥 한
쪽 귀로 듣고 흘려버린다. 우리는 지금 영원한 삶을 살겠다는 환상 속에
빠져 살고 있다. 주위를 살펴보면 그러한 착각 속에 사는 사람들이 많은
것 같다. 교만, 가식적이고 위선적인 모습, 착취에 가까운 탐욕, 성공이

란 욕망을 위하여 수단 방법을 가리지 않는 행태, 허로 독설을 내뿜으며 남의 인격 폄하를 마다 않는 군상들, 각종 악한 언행을 버리지 못하는 사람들. 한편으로 겸손하고, 남을 배려하며, 선행을 하고, 섬김을 받기보다 섬기는 모습, 비움의 삶을 살며 묵묵히 오른손이 하는 일을 왼손이 모르게 하는 모습들도 있다. 심지어 남을 위해 의로운 희생—선종(善終)이라고 부르고 싶을—한 의인들도 있다. 저자는 오랫동안 기독교인으로 예수 그리스도의 제자도를 걷고 있다고 자부하지만, 부족함이 너무 많다. 내 자신의 들보를 보지 못하면서 남의 눈에 박힌 티끌에 대해 논한다는 것이 참 어리석다. 그렇지만 하나님은 이 부족한 종에게 계속 영감을 부어 주시면서 글을 쓰게 하셨다. 종교적 객관성을 유지하려고 했지만 부족한 자질로 인하여 그렇지 못했다. 지혜로운 삶을 추구하며, 공감과 위로를 함께 하고 동행하는 에세이라고 하지만 기독교 신앙에 많이 경도되어 있어 독자의 양해를 구한다. 그렇지만 저자는 영의 보고인 성경과 설교, 지식의 보고인 여러 종류의 신문, 칼럼, 책, 검색 등을 통하여 마음에 와닿는 글과 문구를 참고(발췌, 인용)하여 부족한 내용들을 보완하였다. 나름대로 지혜를 더하여 혼란스러웠고 안타까웠던 주제에 대하여 희망을 주고자 솔직한 의견을 피력하며 논조(論調)를 전개하였다. 그리고 의문 부호로 은근 슬쩍 넘어간 주제에 대해서도 공학자로서 진리를 기반으로 신앙적 의견을 내놓았다. 혹시 논란과 논쟁의 여지를 남겨 두었지만 나름대로의 주장이고 논조이기에 널리 이해와 해량을 구한다.

'열 길 물속은 알아도 한 길 사람의 마음은 모른다'고 한다. 그렇지만 사람은 만물의 영장이기에 변화를 통하여 계속 진화하여 선한 영향력을 나타낼 수 있다. 확장되는 지식은 문명을 지속적으로 발전시키고, 영적인 진화는 사람의 영혼을 진보시킨다. 아무쪼록 지식의 발전과 영혼의 진보를 원한다. 지혜는 영적 진화의 산물이다. 지혜를 구하면 지식으로 볼 수 없는 것을 본다. 지식으로 알지 못하는 것을 지혜로 알 수 있고, 인생의 방향성을 정립할 수 있다. 지혜롭게 산다는 것은 혜안을 가진 삶이다. 지혜로운 안목으로 헤쳐 나가는 의미 있는 삶이다.

주마간산(走馬看山)처럼 지나가는 세월을 허송하지 말고 삶의 하루하루가 의미 있는 일상이 되었으면 하는 바람이다. 지혜야 말로 일상이 유익이 되도록 자아를 움직인다. 심장을 뜨겁게 발동시킨다. 열정을 솟구치게 분출한다. 삶은 참으로 오묘하다. 일상의 소소한 것으로부터도 삶의 지혜를 얻는다.

필자는 기독교인이다. 중립적이고 객관적으로 논리를 전개하려고 노력했다. 그렇지만 다른 종교의 교리나 경전 등 심오한 깊이를 잘 모르기에 함부로 논조(論調)를 하는 것은 누가 될 듯했다. 그래서 기독교 성경의 내용을 많이 인용하였고, 그 내용을 필자의 논리로 전개하였다. 이 점을 다시 해량(海諒) 하길 바란다. 살아가는데 느끼는 주제에 대해 서로의 시각차가 있겠지만, 공감대 형성이 되었으면 한다. 그것은 서로 다른 사고로 생성된 합집합들이 교차하는 공동의 교집합을 의미한다. 공감으로 동행과 공존을 하자. 그래서 나그네 같은 인생, 삶의 위로와 지혜를 구하길 기대한다. 감수와 격려를 해주신 새사람교회 이정한 목사님께 감사를 드린다.

2019년 여름

이 국 환

차 례

에이레네

"내가 세상 끝날까지 너희와 항상 함께 있으리라."
"I am with you always, to the end of the age."

(Matthew 28, 20)

1월의 크리스마스

*

캐롤송이 경쾌하게 울려 퍼진다. 크리스마스트리 전구빛이 밤을 밝히며 반짝인다. 빨간코 루돌프 사슴과 선물을 주러 오시는 산타클로스가 생각난다. 이 모두 크리스마스를 맞는 분위기다. 들뜬 기분으로 성탄 분위기에 녹아든다. 크리스마스는 한 해를 보내는 아쉬움을 녹여주고 마음을 들뜨게 하며 모처럼 행복감을 가져다준다.

대부분의 사람들은 크리스마스가 12월 25일이라고 당연하게 여긴다. 하지만 지구촌에서 1월 7일이 크리스마스라고 하는 나라도 적지 않다. 러시아를 비롯하여 그리스, 세르비아, 몬테네그로, 루마니아, 우크라이나, 에티오피아 등은 1월 7일을 크리스마스로 맞는다. 이들 나라는 대부분이 정교회 신자가 많은 나라들이다.

정교회는 오소독스(orthodox)로 그 의미는 '정통의, 전통적인'이란 뜻이다. 4세기 초 그리스도교의 그리스 교부들이 처음 이 말을 사용했다. 모든 그리스도교 교파가 배타적인 것은 아니지만 자신들이 참된 신앙을 갖고 있다고 생각하여 '정통'이라는 말의 의미에서 시작되었다.

정교회는 가톨릭, 개신교와 함께 기독교의 3대 종파 중 하나이다. 그 역사는 로마제국의 콘스탄티누스 황제가 서기 330년 옛 그리스의 비잔티움을 두 번째 로마로 삼아 수도 이전을 단행하였으며, 이 도시를 자신의 이름을 딴 콘스탄티노폴리스(현 이스탄불)라고 개명하였다. 이로 말미암아 로마는 서로마와 동로마로 분열되었다.

서로마는 가톨릭, 동로마는 정교회를 국교로 삼았다. 1054년 로마 가톨릭과 정교회는 서로 파문하는 동서 교회 대분열을 겪으면서 갈라섰다. 정교회는 러시아를 비롯한 동유럽의 슬라브 문화 발달에 기여했다. 현재 신도 수는 가톨릭이 12억 명, 개신교는 9억 명, 동방 정교회는 2억 명 정도인 것으로 알려져 있다. 그렇다면 예수 탄생일, 성탄절이라 하는 크리스마스 날짜가 다른 이유는 무엇인가?

가톨릭과 개신교는 그레고리력 달력을 따르나, 정교회는 율리우스력 달력을 따르기 때문이다. 그레고리력은 12월 25일이, 율리우스력(로마의 율리우스 카이사르가 기원전 45년에 제정한 달력)은 그레고리력 날짜 13일 뒤인 1월 7일이다.

기독교 종파에 따라 서로 다른 날짜를 기준으로 사용하게 된 역사는 로마시대로 거슬러 올라간다. 1582년 로마 교황 그레고리우스 13세가 기존의 율리우스력보다 정확한 그레고리력을 내놨다.

이는 오늘날 거의 모든 나라에서 사용하고 있는 태양력이다. 하지만 정교회의 나라들은 초기 소위 초대 교회가 사용하던 율리우스력을 고수하고 있다. 이는 초대 교회의 전통을 잇는다는 것을 중요하게 여기고 있기 때문이다. 이런 전통이 계속 이어져 율리우스력을 기준으로 하면 1월에 크리스마스를 맞는 것이다. 우리나라에서 명절을 양력과 음력으로 쇠는 것과 마찬가지다. 사람들이 만든 제도적 전통도 중요하다. 그러한 전통계승을 자부심으로 여기겠지만, 종파 간 갈등과 분열과 반목이 교차하는 작금의 상황에서 그 전통적 자부심이 얼마나 빛을 발하고 진정한 가치를 드러낼 것인가 반문해본다.

　무엇보다 그 전통이 만들어진 본질이자 속성이 더욱 중요하다. 성탄절의 주체이자 핵심인 예수그리스도는 오직 한분이시기에, 예수그리스도가 이 땅에 성육신(incarnation)으로 오신 성탄절의 참 의미를 깨달아야만 한다. '하늘에는 영광이요, 땅에는 평화'로 오신 주님의 탄생을 경축하며, 찬양하며, 좌로나 우로나 치우치지 않고 오직 하나님을 바라보며, 믿음의 정도(正道, 올바른 길)를 걷는 우리들의 모습이 되었으면 한다.

결산

새로운 한 해를 시작하는 연초에는 잘 살아야지, 보람 있게 살아야지, 열심히 살아야지, 의미 있게 살아야지를 다짐하면서 희망을 가지고 한 해를 시작하게 된다. 어느덧 세월이 흘러 연말에 한 해를 마무리 하는 때가 되면, 많은 사건들과 사연들이 있었기에 우리의 한 해가 어떠했는지를 결산해 보게 된다.

그렇다면 결산이란 무엇인가? 일의 마감에 대한 성과를 살펴보는 것이다. 경영에서의 결산은 투자 대비 산출, 즉 재무제표이다. 그러면 우리들에게 있어 결산은 새해에 계획한 목표에 대해 실행하여 성취한 결과인 것이다. 더불어 자기에게 주어진 역할과 책임에 대한 나름대로의 평가이기도 하다. 이러한 결산은 매년 계속해서 되풀이되어진다. 한 해를 마감하면서, 더 나아가 삶을 마무리하는 과정에서 여러분의 결산 내역은 어떠할까?

그 평가에 대해서는 긍정적인 면과 부정적인 면이 존재할 것이다. 뿌듯하면서도 한편으론 아쉬움과 후회도 교차한다. 그런데 한 해의 결산에 있어, 우리 그리스도인들에게 중요한 결산이 있다. 바로 하나님 앞에서의 결산일 것이다. 즉, 하나님 앞에서의 평가일 것이다. 우리가 스스로는 자신의 목표나 목적을 성취했다고 하지만, 스스로 만족하는 인생을 살고 있다고 하겠지만 하나님 앞에서는 어떠한 평가를 받고, 어떠한 결산서를 가지고 있는지를 판단하는 지혜가 필요하다. 이 평가는 인간적인 평가가 아니라, 우리가 작성한 결산서가 어떠한지를 하나님께서 보시는 평가이다. '사람의 일, 가족, 사업 모든 것이 하나님의 기업'이라고 성경은 말하듯이 하나님만이 보시는 평가기준에 의한 것이다. 그러면 하나님이 보시는 평가항목은 어떤 것일까? 얼마나 하나님 일에 충성했는지, 삶의 과정에 있어 하나님 뜻에 적합한 삶의 궤적을 걸어왔는지, 하나님 말씀을 준행하려고 했는지를 여러 등급으로 분류하여 평가를 하실 것이다. 참으로 감사한 것은 하나님은 우리들에게 시간을 주셨다. 광음같이 빠르게 흘러가는 시간, 이 시간들이 삶을 이루는 요소들이 된다. 지난 일 년을 어떤 마음으로, 어떤 자세로 살아왔는지 한 번 돌이켜 보면 시간에 종속되었는지 아니면 시간을 잘 활용했는지를 알 수가 있다. 후회보다는 가능하면 보람 있는 시간을 만들어 내야 한다.

인생은 희로애락의 여정이라고 말한다. 인생을 계절로 비유하면 봄, 여름, 가을, 겨울로 비유한다. 각자에게 나이에 해당되는 인생의 계절이 있다. 그리고 분명한 것은 궁극적으로 인생의 종착점인 겨울도 맞이한다는 사실이다. '세월을 아끼라'고 한 것처럼 시간을 경건한 지혜로 유익하게 활용해야만 한다.

하나님은 우리들에게 기회를 주셨고 또 기회를 주시고 계신다. '하늘은 스스로 돕는 자를 돕는다'라는 말도 있다. 다양성의 시대는 삶이 빡빡한 반면 기회는 많다. 된사람으로의 기회든지, 든사람으로의 기회든지, 난사람으로의 기회든지 그 기회를 위하여 땀을 쏟고, 열정을 쏟고, 시간을 쏟아라.

하나님은 우리들에게 능력을 주셨다. 각자에게는 남들과 다른 재능(우리는 이를 달란트라고 한다)을 주셨다. 이 재능은 천차만별이다. 노동부 산하 고용정보원에서 분류한 직업의 종류는 한국에서는 대략 18,000가지, 일본에서는 23,000가지, 미국에서는 30,000가지가 있다고 하니, 이 중에서 주어진 능력에 알맞은 기회를 찾아본다면, 그리고 그 능력에 집중한다면 나중에는 전문가 수준에 오르지 않을까?

한 해가 또 저물어 간다. 어떻게 삶을 결산할까? 올 한 해를 어떻게 살아왔는지를 회고하며 결산하여, 흑자를 거두도록 새로운 기회를 계획하고 만들어 가길 바란다.

하나님께서 우리에게 주신 시간과 기회와 능력을 잘 발휘하여 청지기로 경주하는 삶이 되길 바란다. 선용(善用)하고 활용하여 좋은 열매를 맺는 결실을 기대한다. 그래서 "착하고 충성된 종아, 네가 작은 것에 충성하였기에 많은 것을 네게 맡기고 네게 더 주마"하시는 하나님의 인정을 받는 주인공이 되길 기대한다.

시 간(1)

과학은 실험으로 입증된다. 이론이나 학설로 제안된 가설도 시뮬레이션(simulation, 모의실험) 또는 다양한 측정과 관측에 의한 데이터로 객관화 되어야만 사실로 받아들인다. 과학은 실증인 것이다.

지구의 탄생은 약 46억 년 전이라고 한다. 이것은 당연히 과학적인 기법을 동원한 학설이지만. 또한 학자들은 인류의 기원을 약 200만 년 전이라고 추정한다. 기독교 성경에서는 아담과 하와를 인류의 조상으로 기록하고 있다. 성경에 의하면 인류의 역사는 단지 6,000년 전이다. 인류 탄생 초기는 그야말로 원시인으로 지능은 아주 미비했다. 그러나 시간의 흐름에 점차 진화가 되어 고등화 되어졌다. 이는 만물의 영장으로 지혜가 주어졌기 때문이다. 지혜의 발달은 시간의 역사를 밝히고자 했다. 영국의 천재 과학자 스티븐 호킹(1942~2018년)의 1988년 저서 '시간의 역사(A Brief History of Time)'는 우주과학서이다. '빅뱅(big bang)부터 블랙홀(black hole)까지'라는 부제처럼 우주에 대한 모든 내용이 담겨있다. 아인슈타인(1879~1955년)의 특수상대성 이론, 일반상대성 이론 등 고전 물리학부터 양자론, 초끈 이론에 이르는 현대 물리학까지 과학 이론이 어떻게 발전했는지 모든 과정을 설명해 놓았다. 결론을 말하자면 우주의 탄생과 더불어 시간이 시작되었다고 한다.

하나님이 인간에게 지혜를 주셨기에 과학기술은 빠르게 발전했다. 지금 우리는 지구가 우주의 중심이라는 생각뿐만 아니라, 지구가 속한 태양계가 우주에 하나밖에 없는 특별한 존재라는 생각도 버리게 되었다. 아리스토텔레스와 뉴턴 시대는 절대적인 시간을 믿었다. 정설이었다. 그리고 20세기에 과학자들도 시간과 공간에 대한 생각을 바꾸어야 한다는 것을 깨달았다. 이 발견의 열쇠가 된 것은 빛의 성질에 대한 새로운 깨달음과 시공간을 지배하는 광활한 우주의 신비를 조금씩 알게 되었기 때문이다. 왜 1년은 12개월이고 365일이며, 왜 하루는 24시간이 되는지의 기준은 아주 단순했다. 꾸준한 관찰과 관측으로 지구에 미치는 태양과 달의 운행 규칙성을 알게 되었다. 그로 인해 생기는 자연현상을 인간의 생활 활동에 적합하게 적용한 것이다. 삶에 미치는 영향이 아주 컸기에 규칙성 있는 시간이 도입되었다. 이것이 바로 절대적 시간이다.

그런데 오늘날 과학은 아인슈타인이 일반상대성 이론에서 주장한 가설 '강력한 중력파가 작용하면 시공간이 휘어진다는 것'을 실험으로 입증했다. 다시 말하면 중력이 시간을 지연시킨다는 것이다. 시간차가 생기는 것이다. 중력이 강한 곳일수록 시간의 흐름은 더 느려진다는 사실은 실험을 통해 확인되었다. 반대로 빛까지도 빨아들이는 중력이 엄청난 블랙홀 표면에서는 시간의 흐름이 멈춰진다. 1970년 미국의 X선 관측 위성이 태양으로부터 약 6,000광년 떨어진 위치에 있는 '백조자리 X-1'을 발견한 이후 계속 많은 블랙홀이라 여겨지는 천체들이 발견되고 있다. 지금은 많은 과학자들이 블랙홀이 실제로 존재한다고 인정하고 있다. 현재 인간의 한계로는 그곳으로 갈 수는 없지만 말이다.

그런데 시간에는 상대성이 있다. 그것은 상대적 시간이다. 상대적 시간의 개념으로 볼 때 인간의 시간과 하나님의 시간 개념은 서로 다르다. 하나님은 시공간을 초월하시는 절대자이시기에 우리들이 생각하는 시간이 아니라 초월적 시간이다. 따라서 우주를 창조하신 하나님의 마음을 알아야 초월적 시간개념에 접근할 수가 있다.

성경 베드로후서 3장 8절 "사랑하는 자들아 주께는 하루가 천 년 같고 천 년이 하루 같다는 이 한 가지를 잊지 말라."는 말씀은 하나님의 상대적 시간을 뜻한다.

우리에게는 삶이 한 순간씩 다가온다. 한 순간이 지나가면 다음 순간이 다가온다. 각 순간은 너무 짧다. 이것이 바로 우리가 느끼고 겪는 시간이다. 그리고 시간은 계속해 이어진다. 아날로그(analog) 시간이기 때문이다. 우리는 시간의 연속을 과거, 현재, 미래로 나눈다. 어느 누구의 삶도 시간의 진행으로 이루어진다. 죽음에서야 시간의 흐름이 멈춘다. 그런데 하나님은 시간에 매여 존재하지도 않으시고, 연속되는 시간을 초월하시는 그런 분이다. 모든 시공간을 뛰어넘는 초월자이시기에 과거에도, 오늘도, 내일도 역사하신다. 언제 어디서나 역사하신다. 예를 들어보자면, 우리가 행동을 하는 순간, 하나님께는 곧 지금이 되신다. 우리에게는 내일이 아직 오지 않았지만 하나님께는 이미 와 있고, 우리의 내일 할 행동을 아시고, 이미 내일에 계시면서 우리를 지켜보실 것이다. 다시 말해 우리가 내일이라 부르는 날도 하나님께서는 오늘처럼 보실 것이다. 우리가 어제 한 일이라고 기억하는 것도 하나님은 지금 지켜보고 계신다. 하나님께는 모든 날이 인간의 관점에서 보면 지금인 것이다.

시간의 역사를 구분하는 터닝 포인트(turning point, 계기·전환점)가 있다. 바로 구세주 예수의 탄생이다. 예수의 탄생을 기준으로 B.C(기원전, Before Christ)와 A.D(기원후, Anno Domini)로 나눈다.

우리의 시간 속에 하나님의 시간을 끼워 맞출 수는 없다. 우리 시간과 하나님 시간과의 관계를 이해하기 위해서는 우리의 시간을 하나님께 끼워 맞추어야 한다. 우리의 과거, 현재, 미래도 하나님이 보시기엔 모두 '지금(只今, now)'이라는 것을 깨닫고, 마음에 새기면서 아무쪼록 시간을 아끼고 잘 활용하였으면 한다.

골로새서 4장 5절 말씀 "지혜로 행하여 세월을 아끼라."

자유의지(Free Will)

*

철학적 논쟁이나 신학적 고찰을 얘기하고자 하는 것은 아니다. 그저 담론(談論)을 말하고자 한다. 의지란 여러 가지 의미를 내포한다. 일반적인 의미는 어떤 일을 이루려는 적극적인 마음이다. 철학적인 의미는 특정한 목적 달성을 지향하는 인간의 의식적인 노력으로 의도, 의사, 의향과도 비슷한 말이다. 심리학적 의미는 생물이 어떠한 목적을 이루고자 하는 능동적인 마음의 작용으로 의욕이라고도 한다. 분야별 관점에서 볼 때 비슷하면서도 약간씩 뉘앙스(nuance)가 다른 의미를 갖고 있다. 간단히 말하자면 의지는 하고자 하는 마음, 뜻, 욕구이다.

자유의지는 맘대로 하고자 하는 마음, 뜻, 욕구이다. 자유의지는 얽매임, 속박 또는 구속과 반대되는 개념이다. 불교에서는 전(纏)을 언급하고 있다. 전(纏)은 전박(纏縛)·속박(束縛)·구속(拘束)·얽매임·얽어맴의 뜻으로 사용되며, 번뇌의 여러 다른 이름 가운데 하나이다. 번뇌는 몸과 마음을 얽어매어 자유롭지 못하게 하는 것을 말한다. 즉, 번뇌가 유정의 몸과 마음을 얽어매어 사물(事物) 혹은 사리

(事理)에 대해 자유롭지 못하게 함으로써 선(善)을 닦는 것을 장애한다는 측면을 강조하는 표현이다.

인간에게 자유의지가 있느냐 없느냐는 중요한 이슈(issue)이다. 그에 따라 결과가 달라진다. 그래서 인간의 영역을 넘어 우주 안의 공간으로까지 확대하여 자유와 얽매임의 논리로 비약하는 혹자들도 있다.

자유의지는 자신의 행동과 결정을 스스로 조절·통제할 수 있는 힘, 능력이다. 인간이 자유의지를 전적으로 가지고 있는지, 부분적으로 가지고 있는지, 전혀 가지고 있지 못하는지에 대해 아직도 논란이 계속되고 있다. 자유의지에 관한 문제는 인과관계로 이어진다. 구약성경 창세기 3장에서 기록한 아담과 하와는 자유의지에 의해 에덴동산에서 하나님과 같이 되고자 선악과를 따먹는 불순종을 범했다. 이로 인해 죄가 들어오기 시작했고, 흙으로 돌아가는 죽음이 시작되었다. 이처럼 하나님은 자유의지를 가진 존재들을 창조하셨다. 자유의지를 가졌다는 것은 옳은 일을 할 수도 있고 그른 일을 할 수도 있다는 뜻이다. 다시 말해 선해질 수 있는 자유가 있다면 악해질 수 있는 자유도 있는 것이다. 악을 가능케 하고, 죄를 짓는 것도 바로 이 자유의지 때문이다. 성경 로마서 6장 23절 말씀 "죄의 삯은 사망이요"라고 언급하고 있다. 그리고 로마서 6장 16절에서 "죄의 종으로 사망에 이르고"라고 말씀하신다. 그렇다면 왜 하나님은 사람들에게 "죄의 종으로 사망에 이르게 하는" 자유의지를 주셨는지를 고민해 볼 필요가 있다.

우리는 예전 도덕시간에 인간의 심성(心性)에 대해 배웠다. 하나는 맹자의 성선설이다. 성선설은 사람의 타고난 본성은 선하지만 나쁜 환경이나 그릇된 욕망 때문에 악하게 된다고 주장하는 학설이다. 잘 못된 행동은 잘못된 환경에서 배운다는 것이나 다름없다. 맹자는 사람은 누구나 이익을 좋아하고 손해를 싫어하며, 욕심을 따라간다면 반드시 다툼이 일어나고 사회 질서가 어지러워져 혼란을 초래하게 된다고 본 것이다. 다른 하나는 순자의 성악설이다. 성악설은 사람의 타고난 본성을 악으로 보고, 도덕적 수양은 교육을 통한 후천적 습득에 의해서만 가능하다고 주장하는 학설이다. 순자는 인성이 비록 악하지만, 사람의 후천적 노력에 의하여 선한 방향으로 바꿀 수 있다고 보았다. 또한 이러한 능력은 누구에게나 갖추어져 있는 것이기 때문에 그것을 모두 발휘할 수만 있다면 평범한 사람도 성인이 될 수 있다는 것이다. 따라서 그는 인성이 형성되는 사회적 조건에 주목했고 교육의 효과를 강조했다.

기독교 입장에서 언급하자면, 사람은 태어날 때부터 죄성(罪性)을 갖고 태어난다. 이를 원죄(原罪, original sin)라고 한다. 이것이 죄의 유전인자라고도 말한다. 언급했듯이 태초의 인간인 아담과 하와가 하나님과의 약속을 어기고 에덴동산에서 금단의 열매인 선악과(善惡果)를 따먹은 불순종으로 인해 인류 최초의 죄가 생겼다. 원죄는 아담과 하와의 자손에게까지 이어진다는 죄를 뜻한다. 유전성을 갖고 있는 것이다. 원죄는 사람이 본능을 갖고 살아가며 후천적으로 짓는 자생죄(自生罪, 자범죄)와 대비되는 죄이다. 이렇게 볼 때 의나 사랑이나 선이나 행복, 기쁨에 가치를 부여하는 것뿐 아니라 악을 가능케 하며 죄를 범하는 것도 모두 자유의지 때문이다. 만약 하나님이 사람에게 자유의지를 주시지 않았다면 사람은 한낱 기계적으로 움직이는 피조물에 불과했을 것이다. 오직 하나님의 틀 안에서만 작동하는 자동기계이었을 것이다.

자동기계도 스스로 생각하고, 판단하며 움직인다. 그러나 자동기계의 두뇌인 소프트웨어는 미리 짜놓아 설정된 프로그램 영역 안에서만 작동한다. 하나님께서 인간을 창조하시되, 속박으로 기계화된 인간을 만든 것이 아니다. 하나님 권세 안에서 기계적으로 움직이는 꼭두각시를 만든 것이 아니다. 따라서 자유의지를 가진 우리는 선을 행하거나 악을 끼칠 수 있다. 옳은 길을 가면 세상은 그만큼 더 선해지지만, 그른 길을 가면 세상은 더 악해지는 법이다. 자유의지는 선택이다. 우리가 진리의 영적인 존재에 더 가깝다면 옳은 길을 갈 것이다. 반면에 죄성을 지닌 육적인 존재에 더 가깝다면 그른 길을 가 죄를 범하므로 세상에 해를 끼쳐 악하게 만들 것이다. 어둠의 권세는 죄를 일으키며 종국은 파멸인 사망이다. 로마서 6장 23절 말씀과 같이 "죄의 삯은 사망이라."라고 했다.

올바른 영적인 존재가 되어 그에 합당한 자유의지를 선택하면 "하나님의 은사는 그리스도 예수 우리 주 안에 있는 영생이니라."라고 말씀하신다. 하나님이 만물의 영장이라 불리는 가장 고등 피조물에게 주고자 하시는 축복과 행복은 자유로우면서도 자발적으로 하나님과 연합하며 이웃과 사회와 국가가 연합하는 데서 생겨난다. 이런 축복과 행복을 누리기 위해서는 사람은 자유로워야 한다. 물론 하나님은 사람들이 자유의지를 옳지 않은 방향으로 잘못 사용할 때 어떤 일이 벌어질 것인지도 잘 알고 있다. 그 땐 축복과 행복이 아닌 불행과 파멸을 초래하는 위험까지도 감수해야만 한다.

저자는 찬성, 반대의 논리를 떠나서 몇 가지 논쟁을 소개해 본다. 일부에서는 자유의지에 반하여 온갖 형태의 결정론을 주장하는 사람들은 자유의지를 부정한다. 반면 신학에서는 자유의지의 존재가 신의 전지전능, 인간의 그릇된 선택도 허용하는 신의 선하심, 가치 있는 행위에는 반드시 뒤따른다는 신의 은총 등과 조화를 이루어야만 한다고 언급한다. 근본적이고 영속적이며 대체로 고통스러운 선택의 자유라는 개념은 현대 실존주의의 두드러진 특징이기도 하다. 프랑스 실존주의 철학자인 장 폴 사르트르(1905~1980년)는 비록 개인은 자신의 상황이 완전히 결정되어 있더라도 "자유롭도록 저주받았다"고 주장하기까지 했다.

하나님의 섭리와 역사는 너무 위대하셔서 정확히 알 수도 없고 잘 알지도 못한다. 단지, 우리에게 '오늘 이 시간'에 주시는 말씀으로만 깨닫고 추측할 뿐이다.

로마서 9장 21절 말씀 "토기장이가 진흙 한 덩이로 하나는 귀히 쓸 그릇을 하나는 천히 쓸 그릇을 만들 권한이 없느냐."

요한계시록 22장 11절 말씀 "불의를 행하는 자는 그대로 불의를 행하고 더러운 자는 그대로 더럽고 의로운 자는 그대로 의를 행하고 거룩한 자는 그대로 거룩되게 되게 하라."고 하셨듯이 어떤 것을 선택할지는 자기의 자유로운 의지에 달려 있는 것이다. 그러나 하나님은 마지막 심판 때까지 예수 그리스도 안의 영생을 얻도록 기다리고 계시니 죄성에서 돌이켜 하나님께서 내버려두시는 자가 되지 않기를 소망한다.

존재의 이유
_신념

*

오늘날 눈부신 문명의 발달은 과학기술의 발달과 그 맥을 같이 한다. 특히 인류 과학기술의 발달사에서도 유래를 찾아볼 수 없을 만큼 IT(정보기술)를 기반으로 한 빠르고 혁신적인 최근의 과학기술의 발전상은 가히 혁명적이라 할 만하다. 이러한 혁명적인 과학기술의 발달과 그로 인한 우리 삶의 변화는 과거로부터 축적된 인류의 지식과 경험을 바탕으로 신념이 더해져서 가능한 일이다. 신념은 삶의 전 영역에 있어서 주요한 마음가짐이다. 신념이 있음으로 인간이 비로소 인간답기 위한 자기다움을 완성한다. 신념이란, 말 그대로 어떤 사상이나 생각을 굳게 믿으며 그것을 실현하려는 의지이다. 굳게 믿어(信) 변하지 않는 생각(念)이다. '믿음(faith)'이란 인간으론 꿰뚫어 볼 수 없는 본질의 영역인 반면, 신념(belief)은 사람의 가치관에 의하여 나타나는 믿음의 형태로 가치관에 의해 바뀐다. 즉 내 의지와 내 방법대로 믿고 나아가는 것이다.

우리는 사회적 공헌이나 업적을 통해 자신의 존재가치를 스스로 확인하고 뿌듯함을 갖는다. 뿌듯함이란 자랑이며, 자부심이며 존재

가치이다. 이런 존재가치를 있게 하는 단초가 바로 신념이다. 우리에게 신념이란 '아직 살아남아 있어야 할, 존재의 이유'이다. 누구에게나 삶의 의미는 다르겠지만 소중하다. 신념은 개개인에 따라 색깔도 다르고 내용도 다르겠지만 반드시 필요하다. 만약 신념이 없거나, 신념의 결핍은 곧 살아야 할 이유를 빼앗아 버린다. 신념의 상실은 존재의 이유를 지워버리기에 삶을 황폐하게 만들고 파멸을 불러온다. 세상을 등지는 극단적인 행위도 신념의 상실에 기인한다. 보수냐 진보냐 중도냐 하는 이념적 대립도 신념이 있기에 발생한다. 간단히 말하면 인간은 이성적 판단의 생명체로 신념을 추구하는 존재이다. 신념에는 자존심과 자긍심이 녹아 있기에 특별한 상황이 아니면 흔들림이 없다. 특히 사상이나 이념에 있어서는. 그래서 신념은 행복과 불행을 함께 제공하는 양날의 칼이기도 하다. 신념은 사실과 오류를 함께 제공하는 동전의 양면이기도 하다.

신념은 사실이 아닌데도 사실로 믿게 하고, 오류인데도 오류를 인정하지 않는다. 인간은 무엇이든 한번 믿으면 좀처럼 놓지 않으려 한다. 관성에 의한 본능 때문이다. 신념에 대한 확고한 믿음의 틀은 사실이 왜곡되어 있거나 구체화한 사실이 드러나도 잘 무너지지 않는다. 이것을 인정하면 존재가치가 무너진다는 불안과 허무가 일어난다. 사실과 신념이 충돌하면 어떨까? 인간의 신념이라는 것이 스스로의 눈을 가려 진실을 외면하게 한다.

십자가의 증거라는 신념으로 굳어진 믿음이 과학기술과 충돌한 한 예를 들고자 한다. 이탈리아 토리노(Turin) 대성당에 가로 4.41m, 세로 1.13m 크기의 수의가 보관되어 있다. 소위 말하는 토리노 수의

(Shroud of Turin)이다. 십자가에 못 박혀 숨진 예수의 시신을 감싸 예수의 형상과 혈흔이 남아 있다고 알려져 있어 기독교 교인들이 숭배하는 유물로 많은 순례자들이 다녀간다. 그 진위를 밝히고자 1988년 영국 옥스퍼드 대학교 연구팀은 방사능 탄소연대측정을 실시했다. 생물체는 죽는 순간부터 체내에 방사능 동위원소인 C^{14}(탄소 14)의 비율이 줄어든다. 이것의 반감기(5,730년)를 기준으로 계산하면 생물체가 사망한 지 얼마의 시간이 흘렀는지 가장 확실하게 알 수 있다. 이 측정법은 이집트시대 미이라를 비롯한 시신의 사망 연대도 정확히 알아낼 수 있는 과학적 수단이다. 그 결과 토리노 수의는 예수가 죽은 지 오랜 시간이 지난 13세기에서 14세기(1260년~1390년) 사이에 제작된 것으로 확인되었다. 수의의 재질은 아마였고, 그 식물은 천을 만들기 위해 지금으로부터 약 700여 년 전쯤에 베어진 것이었다. 모든 과학적인 시뮬레이션을 통한 법의학적 모의실험결과 십자가형의 상처 부위도 일치하지 않았을 뿐 아니라 혈흔도 반은 가짜로 판명났다. 수염 난 한 남자의 영상과 혈흔의 흔적이 남아있는 토리노의 수의는 과학적으로는 가짜였다. 그런데도 그 수의는 바티칸 교황청의 관리를 받고 있다. 아직도 많은 기독교인들은 토리노 수의를 예수가 십자가에서 처형을 당한 후 시신을 감쌌던 성스러운 수의라고 믿고 싶어 한다. 한편 연대측정 방법에 문제가 있다고 우기는 사람들도 있다. 측정 결과가 왜곡되었다고 하는 반론도 아직까지 존재한다.

인간의 욕망과 무지에서 비롯된 신념이라면 왜곡을 일으키고 맹목적일 뿐이다. 왜곡된 신념의 소유자들은 오늘날 문명을 발전시켜 혜택을 주는 과학마저도 얼마든지 그들의 목적에 맞게 악용한다. 그것은 단지 종교적 신념일 뿐이지, 올바른 믿음은 아니다. 종교적 신념은 신앙심의 깊이와는 다르다. 그저 주장이며 자기 틀에 사로잡힌 관념일 뿐이다. 기존의 잘못된 신념을 지키려고 이미 증명된 과학적 사실을 외면하려는 종교인들도 있다. 그들은 자신들의 신념이 진리든 아니든 그것에 절대적으로 매달린다. 그마저 없다면 자신의 존재가치를 유지할 수 없기에 절실하며 필사적이다. 어떤 신념의 대상이 사실이어서가 아니라, 그것이 사실이기를 바라면서 믿는다. 그리고 그런 종교적 행위를 통해 자신의 존재가치를 재확인하며 부각시킨다. 자신이 믿는 바를 다수가 함께 믿고 동조한다면 확신은 더욱 강화되고 굳어진다. 결국은 신념이란 미명하에 사고(思考)로 각인된다. 그것이 오류라도 인정하려 하지 않는다. 나의 존재의 이유가 나락으로 떨어지기 때문이다. 올바른 믿음은 양심의 가책이 동반되어 빛을 추구한다. 신념은 동전의 양면이며, 빛과 그림자라고 할 수 있다. 다행히도 인간의 신념은 평화롭고 아름다운 세상을 만드는데 더 활성화되어 있다. 그림자보다는 빛을 추구한다는 것이다. 과학적 사고와 증거를 기반으로 한 신념은 우주의 창조라는 거시 영역을 하나님의 창조 원리로 받아들인다. 그것이 경외이며, 올바른 신념이다.

신념이 있기에 인생에 목표가 있다. 삶에 대한 애착도 있고, 미련도 있다. 이왕이면 올바른 신념으로 사회 공헌을 하고 어두운 세상을 밝히는 빛과 부패를 방지하는 소금의 역할을 하는 원동력이 되길 바란다. 그리고 분명히 말한다. 하나님 말씀 위에 서서 그 믿음의 실상과 증거에 따른 사실에 기반한 확고한 신념은 행복한 삶으로 인도하는 확신을 제공한다고.

삶의 저편에서(1)
_사후세계

*

사후세계는 어떤 것인가? 흥미롭기도 하고, 두렵기도 하다. 원초적 문제인 '죽는다는 것은 어떤 것일까?' 사후세계관이 다양한 종교를 태동했고, 철학을 발전시켜 왔다. 영화 줄거리나 사후세계를 체험한 증언에 의하면 영혼이 인체에서 이탈되는 유체이탈을 경험했고, 흑암의 긴 터널에 빨려 들어가 통과한 후 찬란한 광명의 빛이 비추는 딴 세상—너무나 황홀하고 아름다운 세상, 인간을 포함하는 모든 동식물이 같이 공존하는—을 경험했다는 체험담이 주로 간증으로 소개되고 있다.

성경에 의하면 그곳은 하나님의 낙원이다. 사막에 꽃이 피어나고, 사자들이 어린 양과 뛰놀고, 사람들이 함께 어울려 살게 된다는 우리 모두가 소망하는 세상, 평화의 세상이다. 즉, 이상향이다. 천국이다. 천국은 사자 같은 맹수들과 착하고 순한 어린 양이 같이 있는 아름다운 세상이다.

이사야 11장 6~9절 말씀 "이리가 어린 양과 함께 살며 표범이 어린 염소와 함께 누우며 송아지와 어린 사자와 살진 짐승이 함께 있어 어린 아이에게 끌리며(6), 암소와 곰이 함께 먹으며 그것들의 새끼가 함께 엎드리며 사자가 소처럼 풀을 먹을 것이며(7), 젖 먹는 아이가 독사의 구멍에서 장난하며 젖 뗀 어린 아이가 독사의 굴에 손을 넣을 것이라(8), 내 거룩한 산 모든 곳에서 해 됨도 없고 상함도 없을 것이니 이는 물이 바다를 덮음 같이 여호와를 아는 지식이 세상에 충만할 것임이니라(9)."

이사야 35장 말씀 "광야와 메마른 땅이 기뻐하며 사막이 백합화 같이 피어 즐거워하며(1), 하나님의 영광 곧 하나님의 아름다움을 보리로다(2), 그 때에 맹인의 눈이 밝을 것이며 못 듣는 사람의 귀가 열릴 것이며(5), 그 때에 저는 자는 사슴 같이 뛸 것이며 말 못하는 자의 혀는 노래하리니 이는 광야에서 물이 솟겠고 사막에서 시내가 흐를 것임이라(6), 뜨거운 사막이 변하여 못이 될 것이며 메마른 땅이 변하여 원천이 될 것이며 승냥이의 눕던 곳에 풀과 갈대와 부들이 날 것이며(7), 거기에 대로가 있어 그 길을 거룩한 길이라 일컫는바 되리니 깨끗하지 못한 자는 지나가지 못하겠고 오직 구속함을 입은 자들을 위하여 있게 될 것이라 우매한 행인은 그 길로 다니지 못할 것이며(8), 여호와의 속량함을 받은 자들이 돌아오되 노래하며 시온에 이르러 그들의 머리 위에 영영한 희락을 띠고 기쁨과 즐거움을 얻으리니 슬픔과 탄식이 사라지리로다(10)."

이사야 65장 25절 말씀 "이리와 어린 양이 함께 먹을 것이며 사자가 소처럼 짚을 먹을 것이며 뱀은 흙을 양식으로 삼을 것이니 나의 성산에서는 해함도 없겠고 상함도 없으리라."

죽음은 방금까지만 해도 살아 숨쉬던 따뜻하고 부드러운 피부가 한순간 차갑고 경직된 육체로 바뀌는 종말론적 변화다. 누구에게나 슬프고도 엄숙한 장면이며, 한 번은 맞이해야 할 숙명적 변화다.

마이클 셔머 지음, '지상의 천국들(Heavens on Earth)'의 서평 칼럼 (중앙일보 2019년 2월 23~24일자, 21면)을 인용하며 글을 전개한다.

죽음 그 이후인 사후세계는 과연 있는 것일까? 미국의 여론조사 전문기관 퓨포럼(Pew Forum)은 미국인들의 74%가 천국의 존재를 믿는다고 집계했다. 또 미국의 여론조사회사 로이터입소스(Reuter Ipsos)가 23개 국가 18,829명을 조사한 결과 51%가 사후세계의 존재를 확신한다고 응답했다. 그들이 사용한 사후세계의 용어는 아주 다양했다. 내세, 에덴, 젖과 꿀이 흐르는 땅(가나안), 열반, 극락, 파라다이스, 도원경, 샹그릴라(Shangri-La, 티베트 문화권에서 가장 풍요로운 땅으로 여기는 숨겨진 낙원), 시온 등으로 사후세계를 표현했다. 이는 사후세계와 영생에 대한 믿음이 종교별로 문화별로 사상별로 지역별로 민족별로 내세관이 제각각 다르다는 방증이다. '앵커 바이블 사전'에 따르면 성경에 나오는 인물 중 하늘의 궁창(穹蒼, 유대교의 세계 구분의 하나인 하늘)─하나님이 궁창을 하늘이라 부르시니라(창세기 1장 8절)─으로 올라갔다고 전해지는 이는 에녹, 엘리야, 예수, 바울, 요한 등 다섯 명 뿐이다. 흥미로운 것은, 영생(다시는 죽음이 없는 영원한 생명)을 누리는 천국(하늘나라)으로의 승천은 처음에는 이 같은 하나님의 특별한 사람만 가능했지만, 나중에는 자격을 갖춘 모든 사람의 영혼까지 천국으로 들어가게끔 범위가 확대됐다는 사실이다. 여기서의 자격을 갖춘 사람은 '믿음으로 구원을 받아 천국으로 들어가는 영혼들'을 의미한다. 학자들은 이를 문화·사회적 교류에서 기인한 것으로 본다. 고대 이집트의 신 '오시리스(Osiris)'의 구원 개념과 유사하다는 것이다. 오시리스는 고대 이집트 신화에 나오는 신으로 풍요를 상징하며 또한 저승 세계를 믿는 고대 이집트의 종교에서 죽은 사람을 다시 깨운다고 믿어졌다. 고대 이집트 종교의 죽은 후의 삶에 대한 신앙에서 가장 중요한 역할을 하는 신은 오시리스다. 오시리스는 저승에서 죽은 자를 심판하여 내세에서 삶을 지속할 수 있는지 여부를 가려주는 심판관이다. 이승에서는 생명을 주는 자이고, 저승에서는 구세주이자 죽은 자를 심판하는 자비롭고도 엄격한 존재이다. 이집트 왕, 파라오(pharaoh)들은 오시리스가 죽음으로부터 다시 살아나듯, 자신들도 부활하여 오시리스와 함께라면 영원한 생명(영생)을 얻을 수 있으리라 믿었던 것이다.

죽음을 생각하면 임사체험, 사후세계, 천국(heaven, 하늘나라, 하나님 나라), 천당(天堂, 불교에서 파생된 용어), 새 하늘과 새 땅, 거룩한 성 새 예루살렘, 천년 왕국, 생명책, 부활, 알파와 오메가, 영생, 생명수 샘물, 생명수의 강 등 기독교적 천국관을 나타내는 여러 표현들을 떠올린다.

요한계시록 20장 12절 "죽은 자들이 자기 행위를 따라 생명책에 기록된 대로 심판을 받는다." 이것이 바로 기독교에서 말하는 삶의 저편, 사후세계에서의 '최후의 심판'이다. "누구든지 생명책에 기록되지 못한 자는 영원한 사망인 불못에 던져지더라."(요한계시록 20장 15절)라고 말씀하신다. 우리는 죽음과 마주하고 살아간다. 삶을 소중히 여겨야 한다. 감사하는 마음을 가져야 한다. 믿음과 소망을 가져야 한다. 사랑에 집중해야 한다. 빛의 열매를 맺는 삶을 살아가야 한다. 그리고 즐겁고, 행복하게 살다 가야 한다.

골로새서 4장 5절 말씀 "지혜로 행하여 세월을 아끼라."

에베소서 5장 16절 말씀 "세월을 아끼라 때가 악하니라."

에베소서 5장 9절 말씀 "빛의 열매는 모든 착함과 의로움과 진실함에 있느니라."

선하고 정직한 맘으로 살되, 후회하는 삶이 되지 않아야 한다. 그리고 진정 가치 있고 보람 있는 삶이 되도록 하루하루 열심히 살아야 하지 않겠는가.

시 각

*

기본이 되는 세 가지 색을 3원색이라 한다. 빨강(red), 초록(green), 파랑(blue)이다. 이를 배합하면 수만 가지의 색상을 만들 수 있다.

어릴 적 '셀로판지 안경'을 끼고 사물을 보면, 여러 가지 색상에 따라 알록달록한 모양으로 볼 수가 있어 신기하기까지 했다. 인간의 마음도 그런가 보다. 어떤 색깔의 마음으로 세상을 바라보느냐에 따라 세상이 다르게 보이니 말이다.

팔레스타인에는 2개의 바다가 있다. 하나는 갈릴리해이고 다른 하나는 사해이다. 원류가 같은 요단강에서 흘러 들어가는 바다인데 너무나도 다르다.

갈릴리해는 물이 맑고 플랑크톤도 많아 물고기가 많으며, 바닷가 주위에는 울창한 나무가 자라고 새들이 노래하는 아름다운 생명의 바다이다. 그러나 같은 요단강 물줄기를 갖는 사해는 염분이 너무 많아 물고기도 살 수 없을뿐더러 더러우며, 새들도 오지 않고 어떠한 생물도 살지 못하는 죽음의 바다이다. 똑같은 요단강 물줄기에 서로 멀지 않은 곳에 위치한 갈릴리해와 사해는 왜 이렇게 차이가 나는 것일까? 왜, 하나는 생명이 숨 쉬는 안락한 바다가 되고, 다른 하나는 삭막한 죽음의 바다가 되었을까? 요단강이 서로 다른 물줄기를 방출하는 것도 아니고, 토양 때문도 아니고, 기후 때문도 아니다. 그 이유는 다른 것에 있었다. 갈릴리해는 물줄기를 받아들이지만 그것을 가두어 두지 않는다. 한방울의 물이 흘러 들어오면 반드시 그 한방울의 물을 흘러 보낸다. 즉, 주는 것과 받는 것이 똑같이 이루어진다는 것이다.

반면, 사해는 한방울이라도 흘러 들어오면 절대로 내어 놓지 않는다. 한방울이라도 흘러 들어오면 자신의 것이라고 그것을 가져가 버리고 한방울도 내놓지 않는다. 즉, 받기만 하고 주는 것을 모르는 것이다. 우리들의 마음도 생명의 마음과 죽은 마음이 있지는 않을까? 받는 만큼 주는 마음의 바다와 받기만 하고 주지 않는 마음의 바다. 마찬가지로 사람들도 두 종류가 있다. 우리도 갈릴리해가 될 수도 있고, 사해가 될 수도 있다.

인자는 "섬김을 받으러 온 것이 아니라 섬기러 왔다"는 성경 말씀을 되새겨 본다. 받은 은혜를 도움이 필요한 곳에 서로 나누어주거나 베풀어 선용한다면 끊임없이 흐르는 갈릴리해처럼 맑고 풍족한 생명의 마음이 넘칠 것이다. 그렇지 않고 받은 은혜를 갖고만 있고 잘못 사용하거나 베풀지 않는다면 흐르지 않고, 막힌 물 속에 고인 사해처럼 생명이 살 수 없게 될 것이다.

과학기술 문명이 발전할수록 세상의 삶은 더 빡빡해지고, 복잡해지고, 여러 가지 면에서 양극화도 심화되어진다. 우리들 마음까지도 그렇게 변화된다면 어떻게 될까? 세상 살 맛이 있을까?

받은 만큼 베풀고 나누어주는 마음의 바다로, 생명의 마음으로 '셀로판지 안경'을 끼고 세상을 보면 새롭게 바뀔 것이다. 그러면 우리들에게 희망을 주고, 평안을 주지 않을까? 서로 위로해주고, 보듬어줌으로써 활력을 불어 넣어 주자. 가뜩이나 힘든 세상을 헤쳐 가는 동력이 될 것이다.

복

연말이 지나고 새로운 한 해가 시작되는 송구영신을 맞아 우리는 '새해 복 많이 받으세요'라는 덕담을 건넨다. 복 받으라는 인사를 받게 되면 기분도 좋고, 새로운 힘도 생기며, 격려가 되는 것도 사실이다. 그런데 복에는 두 가지가 있다고 생각한다. 사람은 영혼과 육신으로, 더 엄밀하게 말하자면 영(spirit), 혼(soul), 육(flesh)으로 구성되어 있기에 복도 두 가지 의미로 설명을 하고자 한다.

우선 '육신의 복'이다. 이를 '일상의 복'이라고 하겠다. 우리가 살아가는데 있어 기본적 요소가 바로 의식주이다. 이를 해결하기 위하여 공부도 하고, 직업도 가지면서 돈을 벌기 위하여 노력하고 땀과 눈물을 흘리면서 경주한다. 궁극적으로 더 행복한 삶을 영위하고자 하는 우리들에게 잠재되어 있는 본능이라고 하겠다. 그 대표되는 것이 재물의 복이다. 또한 이를 유지하기 위해서는 건강도 동반되어져야 하고, 오래 살아야 하기에 건강의 복도 중요하다. 자녀가 공부 잘하고, 좋은 학교에 가고, 좋은 직업도 가지고, 결혼도 잘하고 그 밖에 여러 가지로 자녀에게 임하는 복도 중요하다. 우리들의 필요에 따라

구하며 요구하는 여러 가지의 복들이 있다. 그런데 이러한 육신의 복에 비하여 간과되는 또 다른 복이 있다.

두 번째로 그것은 '영혼의 복'이다. 정신적 세계의 복이라 할 수 있다. 바로 정신의 복이다. 그것을 '신령한 복'이라고 일컫는다. 영혼은 우리의 정신세계를 지배한다. 마음을 다스린다. 마음을 잘 다스리면 평안하고 평강하게 된다. 자신을 겸손하게 내려놓고, 배려하며, 사랑을 베풀게 된다. 욕심과 탐욕에서 벗어나 세상을 다르게 보게 된다.

2018년 사회 트렌드에서 유행어 1위를 차지한 단어가 '소확행'이었다. 비율은 28.8%로 평균 3명당 1명이 언급을 했을 정도이다. '소소하지만 확실한 행복'의 줄임말이다. 원래는 일본의 저명한 소설가 무라카미 하루키의 에세이 '랑겔한스섬의 오후'에 나오는 말로, 갓 구운 빵을 손으로 찢어 먹거나 서랍 안에 반듯하게 정리되어 있는 옷을 볼 때 느끼는 감정처럼 일상의 소소한 행복감을 뜻한다. 우리가 이상적으로 바라는 일상이다. 그러나 현실은 그리 녹녹치 않다. 문명의 이기가 발전할수록 우리의 영혼이 피폐하여지기에 마음이 완악하게 되어, 주변에는 이루 말할 수 없는 죄악이 일어나고 있다. 그래서 성경은 창세기에서 "사람의 죄악이 세상에 가득함과 그의 마음으로 생각하는 모든 계획이 항상 악할 뿐임을 보시고 근심하시고 한탄하셨다."고 한다.

"사랑하는 자여, 네 영혼이 잘 됨같이 네가 범사에 잘 되고 강건하기를 내가 간구하노라."(요한삼서 1장 2절)와 같이 하나님의 말씀과 하나님의 영, 즉 성령(Holy Spirit)의 도움으로 우리의 영과 혼을 잘 다스려 평안과 평강으로 가득한 '영혼의 복'을 받길 바란다.

왜 착한 사람이
고난을 받아야만
합니까

*

'권선징악'이란 사자성어가 있다. 말 그대로 선을 권하고 악을 징계한다. 즉, 착한 일을 권장하고 악한 짓을 징계한다는 뜻이다. 그런데 세상은 그렇지 못한 듯하다. 소위 요지경 속이다.

1993년 탤런트 신신애가 불러 히트한 노래인 '세상은 요지경'이란 가사말을 들여다 보면,

세상은 요지경 요지경 속이다.
잘난 사람은 잘난대로 살고 못난 사람은 못난대로 산다.
야야 야들아 내 말좀 들어라.
여기도 짜가 저기도 짜가 짜가가 판친다.
인생살면 칠팔십 화살같이 속히 간다.
정신차려라 요지경에 빠진다.

어쩌면 착하지 못하고, 요령이 있고 약삭빠른 사람들이 더 잘되는 것 같다. 독선과 아집으로 가득차고, 격한 감정에 사로잡힌 자들

은 서슴없이 악행을 저질러도 잘 풀리는 것 같다. 권력과 명예와 재물에 탐욕으로 가득 찬 사람들이 잘 먹고, 잘 입고, 잘 사는 것 같다. 수단과 방법을 그리도 잘 동원하여 자신들의 목표를 쟁취하는 것 같다. 소위 목소리 큰 사람들이 잘 나간다. 얻을 것도 다 얻으면서 계속해서 욕심을 부린다. 반면에 또 다른 사람들은 남에게 피해도 끼치지 않고 목소리도 못 내면서 정말로 열심히 살아보려고 발버둥을 치지만 안 풀린다. 꼬였던 매듭들이 더 얽히고 얽혀버린다. 깊은 고통과 슬픔과 탄식이 따른다. 우리가 살아가고 있는 세상의 빛과 그림자이다. 어려운 형편에서도 남을 돕고, 배려하고, 봉사하면서 나름대로 착하게 살아왔다고 자부하는데도, 너무 억울한 생각까지 들기도 한다.

'선을 행하면 선의 결과가, 악을 행하면 악의 결과가 반드시 뒤따른다'는 인과응보가 수학공식처럼 바르게 적용되는 것이 공의이며 공정한 사회이고 세상인데, 세상은 불공평하고 불공정하게 느껴진다. 그래서 '왜 이렇게 착한 사람이 고난을 받아야만 합니까?'라는 화두를 던져본다.

우리 인간은 지적 고등 생명체이다. 살아가면서 자아형성과 더불어 교육·환경에 의한 가치관이 형성된다. 그러한 가치관이 삶의 목적과 지향점을 향해 나가도록 계속 여러 가지 방법과 수단을 축적시킨다. 또한 가치관이 비교—좋은 비교든 나쁜 비교든 간에—판단의 기준이 되고, 평가의 척도를 만든다.

그리고 가치 추구를 지속한다. 벤치마킹(benchmarking)으로 좋은 비교를 해서 종전보다도 개량되고 아름다운 열매를 맺어 간다. 그러나 인간은 근시안적인 안목을 가지고 있다. 그래서 비교 판단 내용의 결과는, 신실한 신앙을 가졌는데도 불구하고 대다수가 '왜 착하게 살아왔는데 이 모양, 이 꼴'이냐면서 자신의 처지와 상황을 한탄하며 남과 비교한다. 상대방을 부러워하며 한편으론 자괴감을 갖는다. 부러움이 시기와 질투로 바뀌고, 시기와 질투가 증폭되면 미움과 증오로 걷잡을 수 없이 발전하게 된다. 비교하면 할수록 남보다 못하다는 열등감에 빠진다. 열등의식은 정신적 피폐까지 일으킨다. 나아가 세상을 원망하기 시작한다. 심지어는 하나님을 향하여 원망하기 시작한다. 그리고 마침내 이성과 감정의 교호작용인 인간의 마음은 충동적이기에 극단적인 생각까지 하게 된다.

'하나님은 착한 사람에게 상을 주고 악한 사람에게 징벌을 주며 파멸케 하신다'라는 말이 있다. 이 말은 각 사람의 행위에 따라 보응한다는 뜻이다. 그런데 이 말이 옳은가? 하지만 악인은 오히려 재산이 가득하고 권력과 명예도 높고 또한 모든 것이 형통하고 순조로운 것 같이 보인다. 착한 사람은 그렇지 못하다. 그래서 어떤 사람은 이렇게 말한다. "하나님도 공의롭지 못하네요. 우리가 그분을 경배해도 축복을 받지 못하고 도리어 그분을 경배하지 않고 대적하는 악인은 모든 것이 우리보다 낫고 높은데 하나님은 공의롭지 못해요." 하나님의 공의에 대한 관점의 차이는 있다. 착한 사람에게도 고난과 핍박과 위기와 시련이 있다. 착하기 때문에 시험과 고난이 오는 것이다. 이 세상 일 중에 고난이나 실패 없이 이루어진 일이란 없다. 성경에서는 역설적으로 고난은 계획된 하나님의 훈련이시고, 고난은 축복의 통로라고 말씀하신다. 베드로전서 3장 14절 "의를 위하여 고난을 받으면 복 있는 자니"

'인생의 골짜기에서 길을 잃었을 때 정상으로 올라가라. 그러면 올라온 길과 마을이 보일 것이다. 또한 내려갈 길도 보일 것이다'라는 말이 있다. 고린도전서 10장 13절 "사람이 감당할 시험(temptation) 밖에는 너희가 당한 것이 없나니 오직 하나님은 미쁘사 너희가 감당하지 못할 시험 당함을 허락하지 아니하시고 시험 당할 즈음에 또한 피할 길을 내사 너희로 능히 감당하게 하시느니라."라고 기록하였다.

로마서 5장 4절 "고난은 인내, 인내는 연단, 연단으로 소망을 더욱 굳건하게 하시려고 우리에게 주시는 하나님의 뜻이다."라고 하셨다.

그러면 왜 착한 사람은 그리 빨리도 병마와 투병하며 누군가는 일찍 삶을 마감하냐고 묻는다면, '짧디 짧은 이 세상에서는 인간의 관점에서 볼 때 하나님이 그를 축복하시지 않은 것 같아도 저 세상 즉 영원한 생명의 나라인 천국에서는 반드시 축복하시고 영원한 생명의 부활로 베풀어주실 거라고' 대답하고 싶다. 그리고 육신의 눈이 아니라 영의 눈이 뜨여서 끝까지 버티게 해달라고 매달려야 한다. 왜냐하면 고귀한 생명은 하나뿐이고, 소중하며, 인생은 마라톤이므로 그 과정에 있어서 여러 가지 변인들이 작동하므로 인간의 눈으로는 결과를 알 수가 없기 때문이다.

요한계시록 21장 12절 "죽은 자들이 자기 행위를 따라 생명책에 기록된 대로 심판을 받으니" 진리의 말씀이기에, 우리는 종교인이 아니라 신앙인으로서 믿음과 신념을 갖는다. 하나님만 바라보아라. 하나님을 의지하고 전적으로 모든 것을 맡겨라. 그리하면 모든 것이 이루어지리라. 응답해주시는 시점은 아무도 모른다. 하나님만이 그 때를 아신다.

외계 생명체는
존재하는가

*

평소에 관심을 갖고 있던 외계 생명체, 즉 외계인에 관한 흥미로운 신문의 칼럼을 읽었다. 그 내용은 다음과 같다.

외계 생명체 추적하는 '콘택트' … 현실서도 "20년 내 발견 가능"

우주에 존재하는 지적 생명체가 인간뿐일까? 누구나 한 번쯤 해봤을 상상이다. 외계인이 등장하는 공상과학 영화들이 유독 많은 이유기도 하다.

1997년 개봉한 '콘택트'는 외계 문명과의 만남을 그린 영화의 정석으로 꼽힌다. 세계적인 천문학자로 꼽히는 칼 세이건 전 미국 코넬대 교수의 소설을 영화로 만들었다. 일주일에 몇 시간씩 외계 문명의 존재를 탐색하던 주인공이 베가성으로부터 은하계를 왕복할 수 있는 우주선 설계도를 전송받는 게 영화의 설정이다.

현실 세계에서도 콘택트의 주인공처럼 외계 문명의 흔적을 찾으려는 시도가 이어지고 있다. 1984년엔 이 분야를 전문적으로 파고드는 민간 연구기관이 설립되었다. 미국 캘리포니아주 마운틴뷰에 있는

SETI(Search for Extra-Terrestrial Intelligence) 연구소다. 전파망원경으로 외계에서 보낸 신호를 탐지하는 게 주된 역할이다. 연구소가 생긴 지 35년이 지났지만 아직 외계인의 흔적을 발견하지 못했다.

최근엔 태양계에서 처음으로 관측된 긴 성간(星間, interstella) 천체 '오무아무아(Oumuamua)'에 관심이 집중됐다. 긴 막대기 모양의 독특한 외관 때문에 외계 문명의 인공구조물이란 주장이 나왔던 것이다. 이 논란은 SETI 연구소가 2017년 11월 23일부터 12월 5일까지 오무아무아를 관측했지만 어떠한 전자파 신호도 없었다고 밝히면서 일단락됐다.

태양계와 가까운 항성인 '프록시마 켄타우리(Proxima Centauri)'를 도는 행성 '프록시마(Proxima) b'도 외계 생명체가 존재할 수 있는 곳으로 꼽힌다. 미국 항공우주국(NASA)은 지난해 프록시마 b 행성의 환경을 컴퓨터 모의실험한 결과 생명체가 존재할 수 있는 여러 가지 시나리오를 확인했다고 발표했다. 이 행성은 2016년 8월 유럽 남방천문대(ESO) 천문학자들이 발견했으며 태양에서 4.24광년 떨어져 있다.

과학자들은 생명체가 살 수 있는 환경을 갖췄는지 수치화해 발표하고 있다. 물과 산소가 있고 온도가 적당히 따뜻한 행성일수록 1에 가까운 점수를 받는다. 지구의 이웃 별인 화성이 0.79, 프록시마 b가 0.85에 해당한다. 지구의 환경과 비슷하긴 하지만 생명체가 있을 만한 최적의 조건으로 보긴 어렵다.

그럼에도 전문가들은 외계 문명의 발견을 시간 문제로 보고 있다. 행성 모집단이 워낙 크기 때문이다. 과학자들이 추정하는 은하의 숫

자는 2조 개 안팎이며 은하마다 500억 개가 넘는 행성이 존재한다.

세스 쇼스탁 SETI 연구소 연구원은 2014년 열린 미국 하원 청문회에서 "자금사정에 따라 달라지긴 하겠지만 향후 20년 내에 외계 생명체를 발견하게 될 것"이라고 예상했다.

인간의 지혜와 지식 수준이 현재의 과학기술을 만들었다. 인간이 상상으로만 여기던 저 머나먼 미지의 세계인 우주, 현재 우주 탐사 과학기술은 태양에서 약 45억~70억km 떨어진 해왕성 바깥 '카이퍼벨트(Kuiper Belt)'에까지 탐사하는 수준에 이르렀다. 2019년 1월 1일 미국 항공우주국(NASA)의 무인탐사선 '뉴호라이즌스(New Horizons)'호는 지구로부터 약 65억km 떨어진 태양계 끝단에 위치한 눈사람 모양의 '울티마 툴레(Ultima Thule, 라틴어로 '알려진 세상의 끝'을 뜻한다)' 소행성에 3,500km까지 근접해 찍은 사진을 전송해 왔다.

그동안 우주는 상상력의 보고(寶庫)요, 영감의 원천이었다. 그러나 인간의 지적 진화는 이제까지 한계라 여기던 임계점들을 속속 뛰어넘고 있다. 그리고 인간의 지적 진화는 계속 진행되어지기에―그것이 선한 방향으로 사용되든, 악한 방향으로 사용되든 간에―과학의 발전 수준도 가속화한다. 현재 인간의 지적 수준이 태양계의 경계를 벗어나는 성간 우주에 진입하는 수준에 머물러 있지만 향후 머지않아 태양계를 벗어난 광활한 우주 공간에 진입하는 과학기술의 수준에 도달한다면 지구 저 넘어 이루 셀 수 없는 은하계에는 단지 외형과 형태가 다를지라도 지적 외계 생명체가 존재하리라 확신한다.

에스겔 1장(1장 1절~28절)이 4개의 미확인 비행물체인 비행접시 즉 우주선(UFO) 이·착륙 광경, 구조, 특징 그리고 사람의 형상을 닮은(휴모노이드 계열) 외계 생명체(외계인)를 에스겔이 목격한 사실적 내용을 기록하고 있다고 주장하는 이도 있다. 구약성경 에스겔서는 예언서로 그 기록자인 에스겔은 기원전 6세기경의 이스라엘 선지자이다. 그 당시의 지적 수준으로는 비행접시 구조, 원리, 기계시스템의 기술을 전혀 알 수가 없었기에 우리는 정확한 사실을 알 수가 없다. 성경 내용만으로 예측하고 예단하는 것은 학문이자 신앙적 관점일 뿐이다. 그래서 논쟁들이 과거로부터 현재까지 발생한다. 과학이란 우주만물에서 일어나는 자연현상을 체계적으로 규명한 학문이기에 실증적이다. 단지, 여기서 말하고자 하는 분명한 요지는 과거, 현재 그리고 미래의 역사—그것이 인간 지적 능력으로 과학적으로 규명되었고, 아직도 규명되지 못한 불가사의한 사건들이든 간에 상관없이—는 '하나님의 섭리로 우리에게 임하시는 하나님의 제한된 영역 안(저자는 이를 범주⟨範疇⟩라 표현한다)'에서 역사로 나타나고 있다는 사실이다.

고린도후서 12장 1~2절, 4절 "무익하나마 내가 부득불 자랑하노니 주의 환상과 계시를 말하리라.", "내가 그리스도 안에 있는 한 사람을 아노니 그는 십사 년 전에 셋째 하늘에 이끌려 간 자라(그가 몸 안에 있었는지 몸 밖에 있었는지 나는 모르거니와 하나님은 아시느니라).", "그가 낙원으로 이끌려 가서 말로 표현할 수 없는 말을 들었으니 사람이 가히 이르지 못할 말이로다."

사도 바울이 받은 환상과 계시의 체험이자 간증이다. 근사체험으로 유체이탈을 경험한 바, 셋째 하늘인 3범주의 또 다른 세상을 체험한 것이다. 지구 저편 끝없는 우주에 새로운 생명체는 존재할 것이다. 우리 인간과 같은 휴머노이드 계열(humanoid, 인간의 신체와 유사한 모습을 갖춘 이족 보행), 사족 보행 계열 등에 상관없이 창조물인 생명체의 탄생—인간보다 더 지적인 고등생물체이든 그렇지 못한 하등생물체이든 간에—은 오직 창조주의 권한에 속한 것이다.

온 우주 만물을 설계하시고 창조하신 하나님의 섭리를 우리로서는 전체를 온전히 알 수 없다. 분명한 사실은 미래 언젠가는 우리 인간의 지적 고도화로 외계 생명체와의 네트워킹이 이루어질 것이다.

삶의 저편에서(2)
_천국

*

성경 요한계시록에 삶의 저편인 천국에 대해 자세히 표현하고 있다. 사도 요한이 로마 황제 도미티안 통치 말년인 AD 95년 경에 기록한 것으로 추정한다. 사도 요한이 그리스와 터키 중간에 위치한 에게해의 밧모섬에 유배 시 성령의 감동을 받아 신비로운 경험을 하게 되었다. 환상 중에 계시를 받고 기록한 체험적인 내용이다.

계시란 숨겨진 어떤 것이 드러남을 뜻하며 예수 그리스도를 통하여 하나님께서 드러내 주신 바를 담고 있다. 그래서 요한계시록은 예언서이기도 하다. 미래의 사건, 종말론적인 완성을 현재에 알리고자 하는 의도가 있다.

요한계시록 21장 4절 "모든 눈물을 그 눈에서 닦아 주시니 다시는 사망이 없고 애통하는 것이나 곡하는 것이나 아픈 것이 다시 있지 아니하리니 처음 것들이 다 지나갔음 이러라."라고 말씀하시며 하나님께서 만물을 새롭게 하신다고 하셨다(요한계시록 21장 5절). 천국은 영원한 생명(영생)이고 이 세상에서 겪는 육적인 사망도 없기에 그에 따른 애통도 곡도 없다. 또한 병마도 없고 아픈 것도 없다. 세상살이로 인한 고통도 없다.

또한 천국을 새 하늘과 새 땅으로 서술하고 있다. 요한계시록 21장 22~26절에서는 천국에는 전능의 주 하나님과 어린 양인 예수 그리스도가 성전이고 해나 달의 비침이 필요 없다고 했다. 왜냐하면 하나님의 영광이 비치고 어린 양이 등불이 되어 환하게 빛을 밝힌다고 했다. 요한계시록 22장 1~2절에서는 수정 같이 맑은 생명수의 강이 흐르고 생명나무가 열매를 맺어 만국을 치료한다고 했다.

그리고 거기에 들어 갈 수 있는 사람들의 모습을 엿볼 수가 있다. 어떤 사람들이 삶의 저편이며 신앙의 소망인 천국에 들어 갈 수 있을까? 영생이 있는 그곳으로 갈 수 있을까? 성경은 분명하고 확실히 말하고 있다.

요한계시록 21장 24, 26절에서와 같이 "자기 영광을 가진 자"만이라고 말씀하신다. '자기의 영광을 가진 자'란 누구인가? 진실된 믿음의 모습, 영성이 아주 성숙된 모습, 하나님의 본질이 충만되고 속성이 변치 않는 모습이라고 본다. 따라서 이런 신앙인은 요한계시록 21장 27절처럼 무엇이든지 속된 것이나 가증한 일이나 거짓말하는 자가 아니라 오직 어린 양의 생명책(죽은 자들이 자기 행위를 따라 책들에 기록된 대로 심판받는 책)에 기록된 자들이라고 했다. 이렇게 언급된 그들만이 자기의 영광(후광)을 가지고 천국에 들어간다. 후광도 빛난다. 이러한 자에게는 만국의 영광과 존귀함도 가진다.

성경에서는 부활(resurrection)을 말하고 있다. 사도행전에서는 사도들이 큰 권능으로 주 예수의 부활을 증언하고(4장 33절), 신약성경 여러 곳에서 예수 안에서 죽은 자의 부활이 있다고 기록하고 있다.

성경에서는 모든 믿는 이들이 죽음으로부터 생명의 부활을 할 것이라는 가르침을 분명하게 전해주고 있다. 예수 그리스도께서 죽음의 권세를 이겨내고 다시 살아나셔서 믿는 이들 모두가 죽음으로부터 부활하여 영원한 생명을 얻을 것이라는 희망을 전해 준다. 베드로전서 1장 3절은 "예수 그리스도를 죽은 자 가운데서 부활하게 하심으로 말미암아 우리를 거듭나게 하사 산 소망이 있게 하시며"라고 말씀하신다.

요한복음 14장 6절 "예수께서 이르시되 내가 곧 길이요 진리요 생명이니 나로 말미암지 않고는 아버지께로 올 자가 없느니라." 예수께서 자신이 부활이요 생명이라고 말씀하셨다(요한복음 11장 25절).

부활에 대한 믿음은 빈 무덤과 예수께서 다시 살아나셔서 나타나심에 근거하고 있다. 신약성경 복음서에서는 여인들과 제자들이 예수께서 묻히셨던 무덤이 비어 있었음을 목격하였다. 그 목격한 사실과 증언이 분명하고 상세하게 기록되어 후대에 전해지고 있다.

죽음은 삶의 바깥이 아니고, 삶도 죽음의 바깥이 아니다. 삶과 죽음은 이웃하고 있다. 이승과 저승의 경계를 알고 살아간다면 참 행복한 삶이다. 언제 그 경계선을 넘어 삶의 저편으로 넘어갈지를 안다면 미리 준비하고 마무리를 잘 할 수 있으련만 안타깝게도 모른다. 성경은 육신은 끝이 있지만, 그곳은 영으로 다시 태어나 즉 부활하여 영원히 사는 영생의 삶을 산다고 기록하고 있다. 또 그곳은 다시는 사망이 없고, 애통하는 것이나 곡하는 것이나 아픈 것이나, 고통도 슬픔이 있지 않다고 한다(요한계시록 21장 4절).

모든 눈물을 그 눈에서 닦아 주시니 오직 기쁨과 감사와 찬양이 있는 만물이 새롭게 소생되는 곳이라고 했다.

시편 기자는 103편 15절에서 "인생은 그 날이 풀과 같으며 그 영화가 들의 꽃과 같도다."라고 기록하고 있다. 아지랑이 같이 잠시 피었다 사라지는 들의 꽃과 같은 인생이라고 비유했다. 우리는 짧디 짧은 이 세상 삶에 최선을 다해야 한다. 그러나 너무 집착하고 종살이 하듯 속박되어서는 안 된다. 이승과 저승의 경계, 그 틈에서 오늘을 열심히 살아가는 여정이 삶의 저편을 바라보며 희망의 여정이 되었으면 하는 바람을 가져본다.

회칠한 무덤

*

마태복음 23장 27~28절 "화 있을진저 외식하는 서기관들과 바리새인들이여 회칠한 무덤 같으니 겉으로는 아름답게 보이나 그 안에는 죽은 사람의 뼈와 모든 더러운 것이 가득하도다 이와 같이 너희도 겉으로는 사람에게 옳게 보이되 안으로는 외식과 불법이 가득하도다."라고 기록하고 있다.

2,000년 전에 종교인으로 권력과 부와 명예를 모두 가졌던 기득권층인 바리새인들에게 책망했던 경귀가 어쩌면 이토록 오늘날에도 똑같은지 새삼 깨닫는다. 인간의 본성이 진정 선한 본성으로의 진화가 힘든 것인가? 선으로의 회복 DNA가 퍼져 나갔으면 한다. 지금도 일부 종교와 종교인의 타락은 계속된다. 그러기에 종교 개혁의 목소리가 들리고, 갱생의 회개도 필요하다. 분명하건대 종교는 완성이 아니라 미완성이기에 종교를 믿는 신앙인은 종교자에 맹종해서는 안되고 오직 절대자이며 창조주만을 바라보는 신앙을 가져야만 한다. 그리고 구원을 위해 영적 수련과 진보는 삶의 끝자락에까지 계속해야만 한다.

예수는 서기관들과 바리새인들에게 회칠한 무덤 같다고 했다. 무덤의 겉은 아름답게 보이고 화려하게 꾸며 놓아 겉보기에는 좋았지만 실제로 그 안에는 썩은 시체와 죽은 사람의 뼈와 부패한 모든 더러운 것이 가득하다. 회칠한 무덤은 유대인의 전통적인 평토장(平土葬, 봉분을 만들지 않고 평평하게 매장함)한 무덤을 말한다. 유대인들의 장례 풍습을 보면 바위 언덕에 판 굴 모양의 무덤을 돈으로 사서 그 안에 시체를 넣고 돌로 그 입구를 막는 것이었다. 그 무덤은 영구적이어서 가족과 후손 대대로 사용하는 가족묘의 기능을 했다(창세기 23장 9절). 그렇지만 조상이 마련해 놓은 묘가 없거나 가난하여 무덤을 살 수 없는 사람은 가족 중에 누가 죽으면 난처한 상황에 이르게 된다. 왜냐하면 율법의 규정에 의해 당일 어두워지기 전에 시체를 무덤에 넣어야 했기 때문이다. 그래서 일단 평토장을 한다. 땅을 30~40cm를 파고 그 곳에 시체를 묻는다. 시체를 그렇게 얕게 묻는 것은 다음에 굴 모양의 무덤에 정식으로 매장하기 위함이다. 그런데 평토장은 시체를 얕게 묻었기 때문에 비가 많이 오면 빗물에 흙이 쓸려가 뼈들이 노출되기도 한다. 그래서 지나가는 사람이 모르고 밟기도 한다. 그런데 그 뼈를 밟은 사람은 율법의 규정에 의해 7일간 부정한 사람으로 간주되어 성전에 들어갈 수가 없다(민수기 19장 16절). 그래서 유월절이 되면 각 나라와 각 지역에서 수십만 명이 예루살렘 성전으로 가게 되는데 그 유월절을 지키기 위해 예루살렘 성전을 향해 가는 순례객들이 부정하게 되면 유월절에 참여할 수 없기 때문에 예루살렘 산헤드린 공회(로마 점령 당시 유대인의 지방 자치 기관)에서는 순례객들을 위해 사람을 보내어 평토장한 무덤에 하얗게 석회

칠을 하게 했다.

바리새인들은 겉으로는 옳게 보이려, 의롭게 보이려고 했다. 그러나 안으로는 외식과 불법이 가득했다. 외식은 위선을 말하고, 가식을 말한다. 불법은 불의를 말하고 악행을 낳는다. 바리새인들의 행위는 사람들에게 좋게 보였다. 하얀 세마포옷을 입고 다녔고, 손을 높이 들고 기도를 했고, 때때로 금식을 했고, 구제도 했다. 하지만 그것은 진심으로 한 것이 아니라 위선이었고 가식이었다. 속에는 사람들에게 높임을 받고자 하는 불의한 욕망으로 가득 차 있었다. 자기들의 죄적 욕망을 채우기 위해 종교적 열심으로 가장한 것이다.

우리 속에는 온갖 더러운 욕망들로 가득 차 있다. 마가복음 7장 21~22절에 "속에서 곧 사람의 마음에서 나오는 것은 악한 생각 곧 음란과 도둑질과 살인과 간음과 탐욕과 악독과 속임과 음탕과 질투와 비방과 교만과 우매함이니"라고 했다. 우리 속에는 높아지려는 마음, 인정받으려는 마음, 정의로운 사람이라는 평가를 듣고 싶어 하는 욕망이 있다. 더러운 정욕적 욕망이 있다. 분노와 미움과 증오를 나타내려는 욕망이 있다. 시기와 질투하는 마음이 있다. 판단과 정죄와 비난과 비방하려는 욕망이 있다. 그것을 종교적 선행으로 가장하여 의로운 체 한다. 속이는 자들이 위장의 전문가인 것처럼 속에 경건치 않은 욕망이 강한 사람일수록 철저한 위장을 한다.

미국의 유명한 희극배우이며, 감독이자 영화제작자인 찰리 채플린(1889~1977년)은 '인생은 가까이서 보면 비극이지만 멀리서 보면 희극이다'라고 말했다. 여기서 겉에서 보는 모습과는 다른 내면의 모습을 비유하기도 한다. 또한 '인생은 가면을 쓴 연극'이라는 비유도 있다.

경영에 있어서 분식회계는 기업이 재정 상태나 경영 실적을 실제보다 좋게 보이게 하려고 부당한 방법으로 자산이나 이익을 부풀려 계산하는 범죄다. 분식(粉飾)이란 내용이나 실속 없이 겉만 그럴싸하고 보기 좋게 꾸민다는 뜻이다. 가루, 분을 발라 예쁘게 화장을 하여 자기 치부를 가리고 외형만을 치장한다는 뜻이다.

노래, 춤, 연기가 혼합된 중국의 전통 연극인 경극(京劇)에서 보여주는 순식간에 얼굴 가면을 바꾸는 변검이 바로 우리들의 모습이 아니겠는가.

마태복음 23장 26절 "눈 먼 바리새인이여 너는 먼저 안을 깨끗이 하라 그리하면 겉도 깨끗하리라."

바리새인의 외식은 겉을 꾸미는 신앙이었다. 즉, 겉모습을 그럴듯하게 꾸미기에 겉모양은 그럴듯하고 믿음이 좋은 것으로 비추었던 것이다. 그저 욕망에 사로잡힌 종교인이었을 뿐이다.

예수께서는 바리새인들을 향해 "너희 속사람, 본바탕을 깨끗이 하라."고 하셨다. 양면성을 내던지고 참된 자아를 회복하라는 말씀이시다. 마음이 음흉하여 겉과 속이 다르다는 '표리부동(表裏不同)'은 겉으로는 착하지만 속은 악하고, 말은 바르되 행동이 그에 따르지 못하고, 행동은 따르되 일과 결과가 미덥지 못한 것이다.

'열 길 물속은 알아도 한 길 사람 속은 모른다'라는 격언을 생각해 본다. 사람의 겉모습이나 평상시 하는 것만을 보고서는 그 사람에 대해서 정확히 알 수 없다는 뜻이다. 상대방의 행동이 자신의 의도와는 상반된 결과일 때 토로하는 하소연이다. 억울함의 표현이다.

사람은 겉과 속이 다르다. 주어진 환경과 시대에 따라서도 사람의 마음은 변하게 된다. 만약 변치 않는 사람이 있다면 의인(義人)이라 부르고 싶다. 성인(聖人)이라 외치고 싶다.

히브리서 4장 12절에는 "하나님의 말씀만이 사람의 마음의 생각과 뜻을 판단하신다."라고 하셨다. 요한계시록 2장 23절에 하나님은 "나는 사람의 뜻과 마음을 살피는 자인 줄 알지라 내가 너희 각 사람의 행위대로 갚아주리라."라고 하셨다. 하나님을 경외하며 진정 회칠한 무덤에서 벗어나 깨끗하고 착한 마음으로 도약하는 참된 속사람을 기대한다.

"하나님의 영광의 풍성함을 따라 그의 성령을 통한 능력으로 너희 속사람을 강건하게 하셔서 믿음으로 말미암아 그리스도께서 너희 마음에 계시기를 기도하노라."(에베소서 3장 16절, 17절)

종교의 부패

*

참 무거운 내용이라고 생각한다. 그렇지만 필요 충분한 주제이자 삶의 영역에 미치는 영향이 크기에 양면적인 입장에서 다루어 보기로 한다.

종교는 우리 삶에 희망을 가져다준다. 힘을 주고 용기도 주고 격려를 주고 권면을 준다. 평안을 주고 화평을 주고 안식을 가져다 준다. 사람을 변화시킨다. 사람이 변하면 말과 행동도 바뀐다. 그 중에서도 방점은 구원론이다. 구원으로 영원한 생명을 얻고, 천국으로 갈 수가 있다.

성경 말씀 디모데후서 3장 15~16절 "성경은 능히 너로 하여금 그리스도 예수 안에 있는 믿음으로 말미암아 구원에 이르는 지혜가 있게 하느니라.", "모든 성경은 하나님의 감동으로 된 것으로 교훈과 책망과 바르게 함과 의로 교육하기에 유익하니"라고 말씀하신다. 성경은 우리를 죄에서 구원하여 하나님의 사람으로 온전하게 하며 모든 선한 일을 행할 능력을 갖추게 하시려는 목적도 있다(디모데후서 3장 17절).

16~17세기 중세시대 유럽 사회를 뒤흔들었던 마녀사냥은 가톨릭 종교에서 시작되었다. 그 당시 유럽은 기후변화에 의한 대기근으로 많은 사람이 굶주렸고 흑사병으로 유럽 인구의 30% 이상이 목숨을 잃는 사회적 혼란기였다. 인류의 역사상 수많은 재앙과 재난이 있었지만 사망자 수로만 본다면 중세에 유럽에서 유행했던 페스트가 가장 규모가 큰 재앙이었다고 할 수 있다. 흔히 흑사병이라고 부르는 페스트의 유행은 1347년부터 1351년 사이 약 4년 동안 2천만 명에 가까운 희생자를 냈다.

이러한 재앙이 공포와 두려움을 가져왔다. 이 모든 불행의 원인이 마녀—악마와 계약을 맺거나, 악마처럼 생겼거나, 종교적인 이유 등—로 인한 것이라고 여겨 종교는 마녀사냥을 시작했고 그 결과 5만 명 이상이 마녀라는 낙인 하에 잔혹한 고문 끝에 억울한 죽임을 당했다.

마녀라고 판정하는 이유가 가지각색이었다. 마술을 부리거나, 빗자루를 타고 날거나, 불법적으로 악마 모임에 참여하거나, 가뭄이 들었다거나, 폭풍우가 몰아치거나, 옆집 아이가 아프거나 병들어 죽거나, 가축이 죽는 것, 물건이 없어지는 것, 농사가 잘 안 되는 것 등 별의 별 명목을 붙여 마녀로 몰았다. 당시 마녀로 희생당한 사람들 대부분은 힘이 없고 나약한 여자들이었다. 시기와 질투로, 재산을 노리고 마녀로 내몰리는 일도 있었다. 특히 돈 많은 과부가 마녀가 될 위험성이 컸다.

그런데 마녀임을 판단하고 재판하는 재판관은 그 당시 권력자였던 가톨릭 사제들이었다. 그들은 잘못된 믿음을 악용하여 정죄를 단행한 주역들이다.

당시 마녀사냥의 근거를 규정하고 제시한 마녀 판별법·처벌법이 적힌 책을 소개하고자 한다.

15세기에 출간된 '말레우스 말레피카룸(Mallevs Maleficarum)'은 라틴어로 마녀를 심판하는 망치라는 뜻이다. 독일 도미니크 수도회 사제 하인리히 크라머가 1486년에 썼으며, 마녀를 찾아내는 방법과 처벌하는 규정을 담고 있다. 마녀 판별법 중 하나를 든다면, 물에 빠뜨렸는데 떠오르면 마녀다. 사람 몸은 원래 부력에 의해 뜨게 되는데 이 논리에 따르면 모두 마녀가 될 수밖에 없다. 마녀임을 자백하지 않으면 2~3일간 고문하며 심문하라는 내용도 있다. 이 책은 출판 후 30여 년 동안 20쇄를 찍으며 3만 권이 팔려나갔고 그 뒤 마녀사냥이 본격적으로 이뤄지는 1574년부터 1669년 사이에 2만~3만 권이 더 팔렸다고 한다. 이렇듯 빠르게 확산된 것은 당시 개발된 구텐베르크의 인쇄술 덕분에 대량으로 제작돼 널리 퍼져나가며 마녀사냥에 대한 이론적 근거를 마련해 주었던 것이다.

마녀로 몰린 사람들은 자신이 마녀가 아니라고 항변하며 외쳤지만 책의 근거대로 혹독한 고문을 당했다. 고문을 피하기 위해 마녀라고 인정하면 화형으로 불에 타죽고, 마녀라고 인정하지 않으면 고문을 당하다가 죽음을 당하는 공포시대였던 것이다. 심지어는 다른 마녀를 불면 살려준다고 했다가 주변 친구들 이름까지 대면 그들도 똑같은 마녀로 함께 죽임을 당했다. 그러나 귀족들은 해당되지 않았다.

소위 종교를 갖고 있던 인간의 광기가 이렇듯 무섭고 잔인했다. 그토록 권력을 갖고 있던 종교가 종교를 신봉하며 헌신했던 힘이 없는 여자들을 무참히 살육했던 것이다. 편견도 작용했다. 이 시기 여자는 남자보다 열등한 존재라고 인식됐으며, 거짓말을 잘하며 속임수를 잘 쓴다는 편견이 있었다.

오늘날 종교의 현실을 투영해 보자. 종교는 복잡한 현실의 문제를 섬세한 실마리로 풀어나가야 하는 나침반이 되어야 한다.

그런데 일부에서는 배금주의와 매너리즘에 빠져 권력과 명예와 부를 누리는 종교집단이 되는 경향이 나타났다. 거창하고 화려한 예배당을 지어 위세를 자랑하고, 많은 교인들이 회집하는 산술적 교인 수로 교세를 자랑하고, 엄청난 헌금으로 부동산 구입, 건물 증축, 투자 등 세상주의에 물들어 있다. 인간은 미약한 존재이기에 본능을 억누르고 자제하기가 어려운 것이 사실이다. 이러한 결과가 종교를 변질시킨다.

마녀사냥의 뼈저린 교훈을 단지 옛 역사인양 역사의 뒤안길로 팽개쳐서는 안된다. 각성이 일어나야 한다. 종교활동이란 하드웨어가 중요한 것이 아니라 하나님께서 인간에게 주시는 말씀으로 경건한 신앙심이란 소프트웨어가 변해야 한다.

종교의 타락은 부패로 인해 생긴다. 부패는 육신뿐 아니라 정신·영혼도 혼탁하게 만든다. 기독교에서는 하나님께 불순종으로 인한 아담과 하와의 타락을 인간의 최초 타락으로 본다(창세기 3장).

중세교회의 타락으로 인해 종교개혁이 일어났고, 현재도 부분적이지만 교회의 타락으로 종교개혁이 필요한 상황이다. 예수께서 말씀하시기를 마태복음 5장 13~14절 "너희는 세상의 소금이요 빛이라."고 했으나, 세상의 염려와 재물의 유혹과 탐욕에 말씀이 막혀(마태복음 13장 22절) 결실하지 못하기에 종교개혁은 말씀이 온전히 실천되기까지 되풀이 되어져야만 한다.

또한 십계명의 제2계명에 "우상을 만들지 말고 그것들을 섬기지 말라."고 명령하시는데도 사람을 우상으로 섬기는 현실이다. 자의적 성경 해석과 교리로 사람을 현혹시키고 무조건 맹목적인 순종을 요구한다.

그러한 잘못된 종교에의 순종이 우상을 만들고 쌓아간다. 또한 종교집단을 만들어 담을 쌓아서 바리새인, 사두개인과 같이 기득권을 유지하고 넓혀간다. 교리는 하나님 말씀에 가치를 부여하고, 정당화·합리화시키고자 인간이 만든 것이다. 그런 교리적 해석은 인간의 생각과 주장이 분분하기에 순기능 뿐 아니라 역기능을 낳은 결과이기도 하다.

시편 119편 105절에 "주의 말씀은 내 발에 등이요 내 길에 빛이니이다."라고 말씀하고 있듯이 오직 하나님 말씀 그대로 귀를 기울여야 한다.

예수 그리스도는 오늘도 분명하고 정확하게 말씀하시고 계신다. 마태복음 20장 28절 "인자가 온 것은 섬김을 받으려 함이 아니라 도리어 섬기려 하고 자기 목숨을 많은 사람의 대속물로 주려 함이니라."라고. 예수는 섬기러 오셨기 때문에 세상에서 명예를 취하고 권력을 잡으려고 하지 않으셨다. 반성하고 회개해야 한다.

사랑과 포용과 배려로 남을 위하라고 하신 2,000여 년 전 말씀을 더 귀담아 들어야 할 것이다. 오늘날에도 마녀사냥의 사례와 같이 변질되어진 종교의 모순과 아이러니가 일어나는 것은 우리를 우울하고 슬프게 한다.

　종교에는 다양한 구원론이 있다. 기독교는 오직 구원은 믿음으로 말미암은 종교이다. 성령의 역사로 믿음의 완성을 위해서는 지속적인 영성의 진보와 행함이 필요하다. 예수 안에 있는 믿음으로 구원에 이르는 지혜가 있어 모든 선한 일을 할 수 있기를 바란다. 진정으로 "인자는 섬김을 받으러 온 것이 아니라 섬기러 왔다는" 말을 실천하며 내려놓고 비우는 종교, 나눔의 종교, 사랑의 종교가 되어 '어두운 세상을 밝게 비추는 빛이 되고, 부패를 방지하고 막는 소금' 역할을 하는 본연의 자세로 회복되었으면 한다.

양과 염소

*

성경에는 양과 염소 두 동물이 자주 등장한다. 직유(直喩)에 의한 비유나 은유로 우리들에게 교훈도 주고 있다. 구약과 신약시대는 목축 시대였고 이스라엘 민족은 유목민족이었기에 양과 염소를 비롯하여 소, 말 등을 대표적인 재산 목록으로 삼았다. 양과 염소는 고기와 젖을 제공해 주었다. 양에서 나는 양털로 따뜻한 의복을, 가죽으로는 모피를 만들어 입었다. 염소 가죽도 질기면서 오래 사용할 수 있는 가죽 물병을 만드는 재료였으며, 염소 털은 장막을 만드는 천을 짜는 데 사용했다. 그리고 두 짐승 모두 회막과 성전에서 드리는 희생제물로 주로 사용되었다. 이 외에도 성서에는 두 동물이 자주 언급된다.

심지어 "성전 안에서 소와 양과 비둘기 파는 사람들과 돈 바꾸는 사람들이 앉아 있는 것을 보시고"(요한복음 2장 14절)와 같이 유대인의 성전 안에서까지 매매 대상이었다. 그리고 양과 염소에게는 목자가 필요했다. 그 당시 목자(shepherd, 牧者)는 귀한 소유물인 양과 염소를 기르고 돌보는 사람, 치는 사람이었다. 지금은 기독교에서 목회자(pastor, 목사 · 사제)의 표현으로 사용되고 있지만.

마태복음 2장 1절~12절에서 예수께서 유대 베들레헴에서 탄생할 당시에 동방의 나라 터키에서 경배하러 온 박사들이 있다. 그들은 동방박사라 불렸고, 천문학을 연구하는 박사들인 천문학자들이었다. 예수 탄생을 축하하러 간 동방박사(magician) 3명의 이름은 발타사르(Balthasar), 멜키오르(Melchior), 카스파르(Caspar)라고 한다.

마태복음 2장 6절 말씀은 세 동방박사들이 경배했던 예수에 대해서 말한다. "예수는 내 백성 이스라엘의 목자가 되리라."라고 이사야서 7장 14절 말씀의 성취를 언급한 것이다.

목자이신 예수는 양과 염소의 비유를 통해서 최후의 심판과 영원한 분리를 말하였다.

마태복음 25장 32절 말씀 "모든 민족을 그 앞에 모으고 각각 구분하기를 목자가 양과 염소를 구분하는 것 같이 하여"라고 기록하였다.

마태복음 25장 33절~34절 말씀 "양은 그 오른편에 염소는 왼편에 두리라.", "그 오른편에 있는 자들에게 이르시되 내 아버지께 복 받을 자들이여 나아와 창세로부터 너희를 위하여 예비된 나라를 상속받으라."와 같이 양들에게 천국에 들어 갈 권세를 주신다.

마태복음 25장 41절~43절 말씀 "또 왼편에 있는 자들에게 이르시되 저주를 받은 자들아 나를 떠나 마귀와 그 사자들을 위하여 예비된 영원한 불에 들어가라.", "내가 주릴 때에 너희가 먹을 것을 주지 아니하였고 목마를 때에 마시게 하지 아니하였고", "나그네 되었을 때에 영접하지 아니하였고 헐벗었을 때에 옷 입히지 아니하였고 병들었을 때와 옥에 갇혔을 때에 돌보지 아니하였느니라 하시니"라고 말씀하신다. 너무 극명한 대조이다.

이는 마태복음 3장 12절, 누가복음 3장 17절 말씀 "손에 키를 들고 자기의 타작마당을 정하게 하사 알곡은 모아 곳간에 들이고 쭉정이는 꺼지지 않는 불에 태우시리라."라는 비유와 맥을 같이 한다. 즉, 양은 좋은 동물이고 염소는 나쁜 동물로 나타내고 있다.

그러면 양과 염소의 특징을 알아보자.

양과 염소는 비슷하면서도 다른 점이 많다. 팔레스타인(Palestine) 지역에서 양들은 대부분 흰색인 반면 염소는 대개 검은색이다. 성경에 특별히 언급된 양은 꼬리가 굵고 넓은(Ovis Laticaudata) 종류의 양이다.

양의 특징을 정리하면 다음과 같다. 무리지어 살기를 좋아한다. 서로 협동적이다. 다른 동물에게 해를 끼치지 않는다. 앞선 양을 잘 따라간다. 온순한 동물이고 순종적이다. 풀을 먹는 동물로, 넓은 풀밭을 좋아한다. 양은 뿔이 없어 다른 동물을 해치지 않는다. 호기심이 많아 쉽게 무리에서 이탈한다.

그런 양에 비해 염소의 특징은 너무 대조적이다.

험한 산, 가파른 바위 산 등 높은 곳을 좋아하는 습성을 가지고 있다. 모이기보다 흩어지려는 습성이 강하다. 제멋대로 굴고, 독단적 행동을 좋아해 틈만 나면 뛰쳐나가기를 잘한다. 성질이 사나워 덤비며 반항한다. 시기가 많은 동물로 뿔이 있어 들이받기를 잘하며, 들이받으면 죽을 때까지 싸우기도 한다. 성질도 사납고 무척 고집스럽다. 때론 자기 성질을 못 견뎌 죽기도 한다.

양은 참으로 순진하고 온순한 동물의 상징성을 갖는다. 사람을 잘 따른다. 예수가 '하나님의 어린 양'(요한계시록 17장 14절)으로 비유되고 "예수가 도살자에게로 가는 양과 같이 끌려갔고"(사도행전 8절 32절)라고 기록되어 있다. 그리고 우리들을 일컬어 "너희가 전에는 양과 같이 길을 잃었더니 이제는 너희 영혼의 목자와 감독 되신 이에게 돌아왔느니라."(베드로전서 2장 25절)의 말씀과 같이 영혼의 방랑자로서 방황을 끝내고 결국 예수 그리스도에게 돌아왔다고 말씀하신다. 그것은 양이 온순하고, 순종적이며, 순수성이 있기에 좋은 결말을 나타낸다.

마태복음 18장 12절에서도 "만일 어떤 사람이 양 백 마리가 있는데 그 중의 하나가 길을 잃었으면 그 아흔아홉 마리를 산에 두고 가서 길 잃은 양을 찾지 않겠느냐"처럼 만약 잃어버린 한 마리 양을 찾지 않는다면 황량한 광야에서의 최후는 죽음뿐이다. 우리의 영혼도 마찬가지다. 이 말씀은 한 마리 양에 비유한 잃어버린 한 영혼의 구원을 뜻하고 있다. 양은 순종적인 것을 나타내고 염소는 고집이 세서 자신의 고집대로 하는 것을 나타낸다. 성경에서 흔히 양은 방어 능력이 없고 순진해서 때로는 피해도 당하면서 학대받는 하나님의 백성을 의미하기도 한다. 양은 최후의 심판에서 하나님께서 택하신 자를 말한다.

염소는 하나님의 심판으로 영원한 형벌을 받을 자들을 말한다. 양은 선한 목자이신 예수를 사랑하고 따르는 자인 빛의 존재를 말하고, 염소는 겉은 양같이 순한 듯 하지만 속은 그렇지 못한, 죄를 범하고 돈을 사랑하고 권력과 명예에 사로잡힌 탐심이 가득한 어둠의 존재들을 말한다.

예수는 우리를 구원하시기 위해 스스로 십자가의 희생양이 되셨다. 우리는 희생양이 흘린 피의 대가로 죄 씻음을 받았고 구원을 얻었으며 하나님의 자녀가 되었다.

양과 염소로 대비되는 비유는 오늘을 살아가는 우리에게 어떠한 의미를 던져주는지 그리고 어떤 것을 선택해야 할지를 말하고 있다.

성경은 하나님을 떠난 인생들을 '목자 없는 양'에 비유한다. 팔레스타인 광야를 여행하다 보면 곳곳에 널려 있는 양과 염소의 뼈를 발견하게 되는데, 길을 잃고 목자의 보호를 받지 못한 양과 염소의 최후의 모습이다. 이는 척박한 광야의 환경에서 목자의 리더십이 얼마나 절대적으로 필요한 지를 분명하게 보여준다.

길을 잃고 헤매던 양이었던 나를 찾아서 구원의 은혜를 주신 주님의 사랑을 간직하면서, 구원받지 못한 영혼에 관심을 갖고 찾는 선한 목자의 심정을 구하며.

'믿습니까?' 물으면 '아멘'에 대한 소회
_루터의 종교개혁을 숙고하며

*

"종교개혁은 제삿날을 기억하듯이 기념하는 날이 아니다. 종교개혁은 지금도 계속돼야 하는 과제다"라고 이정배 전 감신대 교수는 말한다. 공감되는 말이다. 이정배 교수의 글(중앙일보 2017년 4월 21일자, 25면)을 인용하여 내용을 전개한다. 종교개혁의 심장과 오늘날의 현실을 대비해 보자. 개신교(改新敎)를 일컫는 프로테스탄트(protestant)는 '저항 혹은 저항하다'라는 뜻이다. 1529년 독일 제국의회에서 마르틴 루터(Martin Luther, 1483~1546년)가 황제 카를 5세 등을 비롯한 가톨릭 권력자들 앞에서 굽히지 않고 자신의 신앙을 항변한 데서 유래되었다. 이후 후세 사람들은 종교개혁가들을 프로테스탄트라고 부르며, 이 말은 종교개혁 이후 로마 가톨릭 교회에서 분리되어 나온 교파인 개신교로 일반화 되었다.

종교개혁은 자기가 믿는 불합리하고 세속적인 제도와 권위에 대한 저항이었다. 저항에 반대되는 용어는 순종이나 복종이다. 교회는 이런 말들을 믿음과 동일화시킨다. '순종=믿음'이고, '복종=믿음'이라고. 이러한 관습과 세뇌는 진정한 믿음으로의 복귀를 막아버렸다. 무조건적인 종교에 대한 권위와 교리와 제도에 순종하고 복종만 하면 믿음이 좋다는 것으로 왜곡을 시켰다. 그렇게 왜곡되고 상실된 믿음에 대해서 루터는 저항을 통해 종교개혁을 촉발시켰다. 저항은 단순히 특권과 기득권에 대한 편협한 저항이 아니다. 종교개혁의 심장은 '오로지 예수로 돌아가고, 본질로 돌아가자는 것'이다. 중세의 유럽은 종교사회였다. 평민들은 교육을 받을 수 없었고 글도 몰랐다. 라틴어 성경은 교회 성직자들의 전유물이었다. 사람들은 성직자의 말에 따라 자기 구원을 위해 온갖 선행을 쌓아야 하거나 많은 돈을 주고 면벌부(면죄부)를 구입해야 했다. 구원을 위한 비용 부담은 너무나 컸다. 박제화된 교리, 박제화된 신앙 때문이었다. 이에 루터는 반기를 들었다. 도덕적 행위를 강조하는 게 중세의 신앙 양식이었다. 루터는 이것을 뒤바꾸었다. '오직 믿음(faith), 오직 은총(grace), 오직 성서(bible)'를 주창했다. 한 개인의 내면적 하나님에 대한 신뢰가 신앙의 근본이라고 설파하며, 이러한 '직접적 관계'에 방점을 찍었다.

종교개혁 500년의 시간이 흐르면서 루터에 대한 온갖 교리가 생겨났다. 지금은 그런 교리를 따르고 신봉하는 것을 믿음으로 여기는 풍토가 만연하다. '믿습니까?' 물으면 '아멘(amen)!' 하면 되는 식이다. 하나님 말씀인 성경 그대로가 아니라 자의적인 말을 하는데도 아멘이다. 자기 자랑이나 세속적이며 기복적인 설교에도 무조건 아멘이다. 아멘이 남발되고 있다. 안타깝게도 루터가 무너뜨리고자 했던 중세의 박제화된 신앙으로 돌아가고 있다. 이런 방식의 신앙 구조는 심각한 문제를 낳는다.

기독교가 로마를 기독교화 했다. 세월이 지나면서 로마가 기독교를 로마화 했다. 이런 과정이 기독교 첫 1,000년의 역사였다. 루터는 그것을 뛰어 넘었다. 루터의 종교개혁으로 인해 비로소 '근대'와 '자본주의'라는 새로운 가치가 태동했다. 개신교 안에서 태어난 게 자본주의였다. 그런데 지금은 어떠한가? 개신교가 자본주의를 개신교화 했어야 했는데, 자본주의가 개신교를 철저히 자본주의화 시키고 말았다. 이런 잘못된 역사가 계속 되풀이 되고 있다. 이 시대는 다시 루터를 뛰어넘기를 요구한다.

영국 공영방송 BBC(British Broadcasting Corporation)에서 발표했던 2008년 국가별 욕망지수에서 대한민국은 OECD 국가 중에 가장 욕망지수가 높은 나라로 나왔다. 종교는 욕망과 반비례해야 옳은데, 욕망과 종교가 비례해 버리고 말았다. 오늘날 개신교의 실태를 바라보자. 선한 목자로 소명을 잘 받들어 나가는 목사들도 많지만, 개중(個中)에는 그렇지 못한 사람들도 있다. 목사의 능력은 교회의 크기와 교인 수의 많고 적음에 일치한다는 말이 나올 정도다. 목사의 역량과 목회 성공의 판단기준이 교회의 규모와 교인 수로 관념화 되어 버렸다. 그래서 내 교회, 우리 교회 만의 틀 안에 갇히게 되었다. 심지어 교회가 기업처럼 세습되기도 한다. 내노라하는 대형 교회도 세습 강행을 서슴지 않는다. 심지어 보편화 되었다. 본이 되어야 하는 대형 교회가 본이 되지 못하니, 나머지 교회들은 어떠하겠는가? 수단과 방법도 자본주의에서 일어나는 모든 편법과 위법을 모방하여 동원하기도 한다. 그게 한국 개신교의 단편적 자화상이다. 교회 안의 기득권 세력들이 주도권을 놓치고 싶지 않기 때문이다. 담임목사(pastor)만 세습되는 것이 아니라, 담임목사를 따르는 기득권 그룹까지 살아남게 되어 주도권을 갖고 영향력을 계속 끼친다.

　루터 종교개혁의 3대 원리는 '오직 믿음, 오직 은총, 오직 성서'이다. 이것은 욕망을 내려놓을 때 가능하다. 그런데 교회는 물질적 축복과 신의 은총을 동일시 한다. 자본주의 세계에서 승리자가 되라고 한다. 교회가 크면 목사는 떵떵거리고 산다. 그런데 교회가 작으면 목사가 2중직, 3중직을 해야 한다. 퀵서비스도 뛰고, 야간 대리운전을 하고, 여러 아르바이트를 하는 목사도 꽤 있다. 작은 교회의 목사에게 그건 삶의 실존이다. 개신교 교회도 '부익부, 빈익빈'이라는 자본주의 양식이 그대로 작동한다. 중앙집권적 체제인 가톨릭이나 원불교에는 큰 교회(교당)와 작은 교회(교당)간 분배의 양식이 있다. 개신교에는 그게 없다. 사람이 만든 시스템(체계)과 교리 차이 때문이다. 모든 것에 장점과 단점이 있듯이, 개교회 운영 방식이냐 아니면 중앙집권적 운영 방식이냐에 따른 차이이다.

　루터가 주창했던 '오직 믿음, 오직 은총, 오직 성서'의 본질이자 핵심은 '예수로 돌아가자, 진리로 돌아가자'이다. 그러나 안타깝게도 오늘날 교회는 이 외침이 엉뚱하게 왜곡된 채 받아들여지고 있다. '오직 믿음, 오직 은총, 오직 성서'의 '오직'이라는 말이 특권 의식과 배타적 의식을 갖게 했다. 믿지 않는 이들과 우리는 다르다는 특권 의식이다. 심지어는 타 종교와 비교해서도 특권 의식과 선민(選民) 의식을 심어 놓았다. 그것이 자본주의적 가치와 결합하면서 '물질적 축복'을 신의 은총으로 강조하는 쪽으로 가고 있다. 곡해된 '오직'의 의미는 루터가 주창한 본래 메시지와 분명히 다른데, 우리는 그것을 바로 보지 못하고 있다.

기독교 신앙은 개인의 자각이 출발선이다. 그러려면 고독의 시간이 필요하다. 깊숙한 묵상의 시간도 필요하다. 깊이 있는 묵상을 통해 영적 눈이 떠져야 하고, 영성이 생겨야 한다. 그렇지 못하면 왜곡에 휩쓸리고 빠지게 된다. 교회는 집단적 인습에 사람들이 길들여지도록 만든다. 교회에 가면 내가 무엇이 잘못됐는지 돌아볼 여지가 오히려 없어져 버린다. 교회는 사람들을 집단화한다. 개인을 고독하게 만들지 않는다. 우리는 고독을 통해 자신의 내면으로 들어간다. 루터의 종교개혁도 여기서 출발했다. 중세의 교회는 성직자 중심의 하이어라키(hierarchy, 위계) 사회였다. 루터는 그걸 허물었다. 교회를 성도들의 공동체라고 했다. 여기에는 어떠한 계급도 없고, 서로 하는 역할만 다를 뿐이라고 했다. 이러한 루터의 교회론은 유럽에서 민주적인 의회제도가 태동하는 모태가 됐다. 그러니 루터의 종교개혁 정신은 우리로 하여금 '체제 밖의 사유'도 가능하게 한다.

예수님은 당시 이스라엘 실정법에서 잘못된 것을 바로 잡고 도리어 하나님의 의를 실천하시므로 율법을 완성하셨다. 유대 율법에 '안식일을 어긴 자는 사형에 처한다'고 되어 있다. 예수님은 '사람이 안식일을 위해서 있는 게 아니라, 안식일이 사람을 위해서 있다'고 하셨다. 예수의 하나님 나라는 '체제 안의 사유'만이 아니었다. '체제 밖의 사유'도 포함되어 있는 것이었다. 예를 들자면, 예수는 늦게 온 자나 일찍 온 자나 똑같이 한 달란트를 줬다. 세상 기준으로는 있을 수 없는 일이다. 또 하나님 나라를 비유하면서 "되갚을 능력이 없는 사람을 초대해 잔치를 베풀어라. 오히려 그들이 되갚을까를 염려하라."고 했다. 우리도 이 사회가 기정사실화 하는 틀을 끊임없이 넘어서야 한다. 관념에 의해 형성된 정형화된 틀을 넘어서야 한다는 것이다. 예수님은 우리에게 그런 사유를 가르쳐 주셨다. 기존의 틀 뿐만 아니라 체제 밖에 대한 사유이다. 하나님 나라의 사상이다.

갈라디아서 5장 1절의 성경 구절, "내가 너희를 자유하게 했으니, 다시는 종의 멍에를 메지 말아라." 이 말씀은 루터가 가장 좋아했던 구절이기도 하다. 예수께서는 인간의 근원적 한계, 실존적 한계, 종교적 한계까지 모두 자유롭게 하려고 이 세상에 오신 분이다. 종교의 노예, 제도의 노예, 먹고 사는 문제의 노예가 되지 말라고 했다. 쉽지는 않겠지만 종교, 제도, 먹고 사는 문제에 편향되어진 경도된 삶을 벗어나야 한다.

루터의 종교개혁과 예수의 부활은 맥이 통한다. 이 시대에 종교 개혁이 절실하다. 사도 바울이 말하기를 "예수의 부활이 없으면 말씀 전파도 믿음도 헛 것이다."(고린도전서 15장 14절)라고 했다. 예수의 부활은 인간의 죄와 그 결과인 죽음을 이겼다는 것이며, 인간의 욕심으로 인한 죄에서 구원받음으로 우리가 새 사람으로 거듭날 수 있음을 주는 희망인 것이다.

하나님은 우리의 희망이지만, 우리도 하나님의 희망이다.

"진리를 알지니 진리가 너희를 자유롭게 하리라."(요한복음 8장 32절), "성경대로 그리스도께서 우리 죄를 위하여 죽으시고 장사 지낸 바 되었다가 성경대로 사흘 만에 다시 살아나사"(고린도전서 15장 3절, 4절), "아담 안에서 모든 사람이 죽은 것 같이 그리스도 안에서 모든 사람이 삶을 얻으리라."(고린도전서 15장 22절)

갈릴레이 지동설과
종교재판

*

　지구는 태양계에 속하는 행성이다. 태양을 중심으로 타원형 궤도로 회전한다. 이런 사실은 초등학생들까지 알고 있는 상식에 속하는 내용이다. 문명이 발전하기 이전에는 달과 별을 관측하며 천문학을 연구했다. AD 127~145년에 알렉산드리아에서 활동한 고대 그리스의 천문학자·점성학자인 프톨레마이오스(Ptolemaeos)는 지구가 우주의 중심이며, 다른 모든 천체(특히 태양, 달을 비롯한 태양계에 속하는 행성)가 정지해 있는 지구를 중심으로 주위를 돌고 있다는 학설인 천동설(天動說)을 주장했다.

　성경을 인용해 보자. 창세기 1장 1절에서 말씀하기를 "태초에 하나님이 천지를 창조하시니라."와 같이 우주만물을 창조하신 이는 조물주인 하나님이시다. 그리고 창세기 1장 27절 "하나님이 자기 형상 곧 하나님의 형상대로 사람을 창조하시되 남자와 여자를 창조하시고", 창세기 2장 7절 "여호와 하나님이 땅의 흙으로 사람을 지으시고 생기를 그 코에 불어넣으시니 사람이 생령이 되니라.", 이사야서 64장 8절 "여호와여 이제 주는 우리 아버지시니이다 우리는 진흙이요 주는 토기장이시니 우리는 다 주의 손으로 지으신 것이니이다."라고 기록된 말씀과 같이 하나님이 창조하신 인간은 하나님의 형상을 닮았기에 만물의 영장이라고 일컬어 왔다. 여기서 '하나님의 형상'은 하나님의 모습뿐만 아니라 하나님이 가지시고 인간에게 부여하신 속성까지를 의미한다. 초대 교회 교부(敎父, Church Father)인 성 어거스틴(Saint Augustine, 354~430년)의 말을 인용하면, "인간은 하나님을 알고, 하나님과 관계를 맺는 정신적 영적 존재"라고 했다. 즉, 가톨릭 교회는 하나님의 형상을 닮은 만물의 영장이며 하나님과 영적인 관계를 맺은 우리 인간이 사는 지구를 우주의 중심이라고 생각하며 믿었다. 또한 이런 믿음이 올바른 신앙심이라고 여겼다. 따라서 프톨레마이오스의 천동설 주장을 가톨릭 교회는 중세까지 진리로 신봉(信奉)했다.

그런데 1,400여년이 지나 전혀 다른 주장이 제기되었다. 그것도 정반대되는 주장이었다. 순종적 믿음으로 진리라고 여기던 천동설(天動說)에 반하는 지동설(地動說)이 나왔다. 지동설(태양 중심설)을 주창한 선각자는 폴란드의 천문학자인 코페르니쿠스(Copernicus, 1473~1543년)다. 지동설이란 '우주의 중심은 지구가 아니고 태양이며, 지구가 태양 주위를 돌고 있다. 지구는 태양의 둘레를 돌고 있는 행성의 하나에 지나지 않는다'고 주장한 학설이다. 지금에서 볼 때 태양도 우주 전체 중 하나의 항성일 뿐이다. 태양과 지구도 더 이상 우주의 중심이 아닌 수많은 천체 중 하나이며, 지구는 단지 태양계에 속한 하나의 행성일 따름이다. 그러나 중세 시대는 과학문명이 지금처럼 발전하지 못했기에, 지동설 주장은 획기적인 역사의 사건이었다.

코페르니쿠스가 죽기 직전인 1543년 '천구의 회전에 관하여(De revolutionibus orbium coelestium, libri VI)'란 논문을 발표하였다. 이 논문에서 지구가 자전축을 중심으로 자전하고, 정지해 있는 태양 주위를 공전한다고 주장했다. 이 논문을 입증한 사람이 바로 갈릴레오 갈릴레이(Galileo Galilei, 1564~1642년)이다. 그는 16~17세기 이탈리아 르네상스 말의 과학자이다. 코페르니쿠스가 "지구가 태양의 주위를 돌고 있다"라는 한 마디 말을 남기고 죽은 후 갈릴레이는 물체를 20배나 확대해 볼 수 있는 망원경을 만들어 천체를 관측함으로써 그 말이 사실임을 입증했다. 1610년 '별들의 소식'이란 저서를 통하여 "모든 행성이 태양 주위의 큰 궤도를 돌고 있듯이 어떤 행성은 다른 행성의 주위를 돌고 있다. 달이 지구 주위를 도는 것처럼 네 별이 목성 주위를 돌고 있는 것을 관측했다."고 밝혔다. 대표적 저서로 1632년에 출간한 '2개의 주된 우주체계—프톨레마이오스와 코페르니쿠스—에 관한 대화, 일명 천문 대화'가 있다. 그 후 모든 천문학자들은 행성이 완벽한 원을 그리며 태양 주위를 돈다고 생각했다.

그러나 또 여기서 잘못된 생각을 바로 잡은 사람이 있다. 그는 독일의 천문학자 겸 수학자인 케플러(Kepler, 1571~1630년)이다. 그는 갈릴레이와 동시대 인물이다. 케플러는 행성의 공전 궤도가 동그란 원이 아니라 타원이며(케플러 제1법칙), 행성의 공전 속도가 늘 일정한 것이 아니라 태양에 가까워지면 빨리 움직이고 태양에서 멀어지면 천천히 움직이며(케플러 제2법칙), 태양에 가까울수록 빨리 공전한다는(케플러 제3법칙) 사실을 밝혀냄으로써 행성 운동의 비밀을 풀었다. 이는 천문학 발전을 넘어 천문과학을 발전시켰다고 해도 과언은 아니다.

갈릴레이는 당시 이탈리아에서는 이설로 받아들여졌던 지동설을 지지했고 망원경 관측으로 입증했다. 가톨릭 교회와 성직자들은 갈릴레이에게 종교 재판에서 그 주장을 철회하지 않는다면 고문하고 죽이겠다고 협박했다. 1619년 종교 재판에서 감금형을 선고.받았다. 1632년 '천문대화' 저서를 통해 프톨레마이오스와 코페르니쿠스의 우주론을 비교하고 코페르니쿠스의 우주론인 지동설이 맞는다고 주장하여 1633년 2월 노령과 질병에도 불구하고 로마로 소환되어 다시 종교 재판을 받았다. 당시 그의 나이는 70세였다. 그에게 종신형을 선고했으나 결국, 갈릴레이는 자신의 주장을 철회하고 1년 후 풀려나 남은 생을 가택 연금 상태에서 보냈다. 전해지는 바로는 공개적으로 자신의 주장을 철회할 때에도 그는 발을 구르면서 "그래도 지구는 움직인다(Eppe Si Muove)."라고 말했다고 한다. 자신의 연구와 발견으로 우주관을 새롭게 정립시킨 신념이자 진리를 철회하는 맹세를 했지만, 그는 1637년 완전히 눈이 멀 때까지 천체관측을 계속했다. 1638년에 완전히 실명했으며, 탈장과 불면증으로 고통을 받았다. 1642년 사망할 때까지 제자들을 지도했다.

그는 종교 재판을 앞두고 얼마나 인간적 번민을 느끼고 고민했을까? 가톨릭 교회의 교리와 갈릴레이가 과학적으로 입증한 사실이 상충했을 때의 모습이다. 그러나 분명한 사실이 존재한다. 성경은 지구가 우주의 중심이라고 기록하지 않았다. 다시 말해 성경과 갈릴레이의 우주론과는 직접적 관계도 없고 연관성도 없다. 단지, 성경을 인용해 인간들이 진리라고 만들었던 교리와 충돌을 했을 뿐이다. 교리는 시대 상황에 따라 변할 수도 있다. 왜냐하면 성경 해석에 있어서 종교, 교파마다 서로 다를 수가 있고, 다르기 때문이다.

광활한 우주뿐만 아니라 우리 주변의 자연현상도 무질서(chaos)하고 규칙성이 없어 보이는 것 같으나 면밀히 관찰하면 실제는 그 안에 일정한 법칙과 규칙성이 있다.

인간의 머리는 진화를 거듭할수록 점차 좋아진다. 그만큼 지식도 심오해진다. 지식의 심연이 깊을수록 하나님이 창조하신 우주만물의 섭리가 얼마나 위대하고 질서정연한 법칙으로 운행되고 있는지를 깨닫고 경외하게 될 것이다.

시간(時間) (2)

*

시간은 흐른다. 시간은 우주라는 공간에 존재하는 만물을 자신의 원칙에 따라 변화시킨다. 생로병사는 시간이 만물을 대하는 방식이다. 만물은 시간의 원칙에 따라 태어난 후 저절로 퇴화되고 흠이 생겨 병든 후 자취를 감춘다. 인간을 제외한 동식물들은 이 흐름에 지혜롭게 순응한다. 그들은 시간의 흐름을 온몸에 간직하고 거스를 수 없다는 사실을 본능적으로 안다. 그들은 순간에 충실하다. 인간만이 시간의 흐름을 거슬러 잠시라도 그것을 왜곡하려는 시도를 한다. 그런 시도를 인위(人爲)라고 한다. 양적인 시간을 가로막아 잠시라도 질적인 시간으로 만들려는 창의적인 노력이 인위다. 인위는 순간을 영원으로 만들겠다는 인간의 노력이다.

세상의 일에는 원인이 있고, 시간이 지나면 그 원인이 그에 합당한 결과로 정확하게 나타난다. 우리는 이를 '인과응보'라고 말한다. 시간은 정의롭다. 시간은 상대적 인위는 허락할지언정 절대적 인위를 허락하지 않는다. 우리 누구도 시간의 흐름을 거스를 수 없다. 우주가 탄생한 이후로 영겁의 시간이 흘렀다. 시간은 절대성을 갖기에 단

한순간도 멈추지 않고 만물의 생로병사를 대하였다. 시간은 공정하기에 만물의 귀천을 따지지 않고 그대로 적용한다. 그런데 인간의 지혜와 지식은 시간을 왜곡시키려고 시도하고 있다.

세상에서 가장 빠른 빛의 속도보다 더 빠른 속도로 우주여행을 한다면 그 안에서는 시간이 정지할 것이라는 상대성 이론이 있다. 최근 실험에 의하여 중력이 강한 곳에서는 주변의 시공간(時空間)을 휘게 하는 현상이 발생해 시간이 순간적으로 늦춰지는 사실도 알아냈다. 우리는 상대적 인위를 계속해서 시도한다. 이는 생명을 연장하려는 인간의 본능적 인위이다. 그러한 인위는 자신을 포함한 지구상의 모든 사람들을 위한 행위이다. 그래서 시간을 잠시라도 왜곡하려는 인위는 계속해서 진행되고 있으며, 앞으로도 꾸준히 진행될 것이다. 세상의 이치는 솔직하다. 한순간(찰나)이 끊임없이 연결되는 시간은 아날로그(analog)이다. 이러한 시간 속에 우리에게 인위를 통한 생존 본능의 욕구는 끊임없이 생긴다.

태어나면 언젠가는 반드시 이 세상과의 이별이 있다. 우리는 이를 별세(別世)라고 부른다. 한번 뿐인 인생을 우리는 일생(一生)이라고 한다. 우리는 시간의 흐름을 거스를 수도 없고, 되돌릴 수도 없다. 세월을 아껴야 한다. 시간을 허송세월해서는 안 된다. 순간순간의 시간을 허투루 낭비해서는 안 된다. 각자에게 주어진 운명은 그 자체가 소중하고 아름다운 것이다. 진정 나의 역사에 사소하지만 무언가 삶의 보람을 남겨야만 한다. 시간은 우리에게 주어진 혜택이다. 따라서 삶의 보람은 우리 일생에, 시간이 준 혜택에 대한 보답이라고도 할 수가 있다. 지금도 이렇게 지나가는 시간은 다시는 오지 않고, 잡지도 못한다. 소모되는 시간을 잘 활용하여 내 삶의 역사를 쓰고, 내 삶의 역사를 만들어 가보자.

"그런즉 너희가 어떻게 행할 것을 자세히 주의하여 지혜 없는 자 같이 말고 오직 지혜 있는 자 같이 하여 세월을 아끼라 때가 악하니라."(에베소서 5장 15절, 16절)

알려진 세계를
뛰어넘어서

_과학 담론

*

1969년 7월 21일 미국 뉴욕타임스 1면에 "인류가 달 위를 걷다"라는 기사가 실렸다. 인류는 열광했다.

세월이 흘러 2019년 1월 3일에는 중국의 달착륙선 창어4호가 또한 인류 역사상 처음으로 달 뒷면에 착륙했다. 달의 뒷면을 처음 관측한 것은 1959년이었지만, 달과 지구의 공전주기가 같아서 지구에서는 늘 달의 같은 면 즉 앞면만이 보인다.

한편 미국의 탐사선 뉴호라이즌스는 2019년 1월 1일 지구로부터 65억km 떨어진 카이퍼벨트(태양의 영향이 미치는 끝단)에서 소행성을 촬영했다. 우리가 살고 있는 지구가 속하는 태양계는 45억 년에서 50억 년 전에 만들어졌다고 추정한다. 그러면 태양계가 속한 은하의 구조와 규모는 어떠할까? 인간 지혜의 향상과 과학의 발전으로 인하여 다음과 같이 추정하게 되었다. 이를 우리은하라고 한다. 우리은하의 구조는 옆에서 보면 프라이팬 위에 놓인 계란 프라이와 흡사한 모양으로 타원형의 구조를 갖는다. 은하가 이처럼 납작한 이유는 은하 전체의 회전운동 때문이다. 가로방향의 긴 지름은 10만 광년, 세로방향의 짧은 지름은 4만 광년이다. 이 안에 약 4,000억 개의 별들이 중력의 힘으로 묶여 있다. 우리은하의 왼쪽 끝단에 위치한, 우리은하의 중심에서 2만 8,000광년 거리에 있는 태양 역시 그 4,000억 개 별 중의 하나일 따름이다. 우리가 사는 태양계가 속한 은하계도 이 정도 규모이니 우주 전체는 상상을 초월할 정도이다. 우주는 137억 년 전 빅뱅(big bang)이란 대폭발을 거쳐 탄생한 뒤 팽창해 나갔다는 게 정설이다. 분명한 것은 우주는 타원형 구조로 계속해서 팽창하고 있다는 사실이다.

그리고 최근의 연구 결과에 따르면 우주는 72%의 암흑 에너지, 23%의 암흑 물질, 5%의 보통 물질(지구를 포함하는 별, 은하 등)로 구성되어 있다고 한다. 암흑물질은 빛을 반사하지 않기 때문에 우주는 어두움에 덮여 있다고 해도 지나친 표현은 아니다. 단지 빛이 보이는 것은 별들이 스스로 빛나는 항성인 태양빛을 받아 반사하기 때문이다.

성경은 창세기 1장 1~4절에서 천지창조를 아주 구체적이며 정확하게 기록하고 있다. "하나님께서 태초에 천지를 창조하시니라.", "그 땅이 혼돈하고 공허하며 흑암이 깊음 위에 있고 하나님의 영은 수면 위에 운행하시니라.", "하나님이 이르시되 빛이 있으라 하시니 빛이 있었고", "그 빛이 하나님이 보시기에 좋았더라 하나님이 빛과 어둠을 나누사." 창세기 2장 1절 말씀 "천지와 만물이 다 이루어지니라."

우리는 각자에게 주어진 삶을 산다. 인간의 수명도 점차 연장되고 있지만 종국에 우리는 이 땅에서 희노애락의 삶을 마감한다. 신앙은 이런 제한적이고 숙명적인 삶에 희망을 주며, 소망을 갖게 한다. 소망은 바로 내세인 하늘나라(천국)에서의 부활과 영생이다. 성경에서는 '하늘 위', '땅', '땅 아래'라는 우주의 삼중구조(요한계시록 5장 3절, 5장 13절, 빌립보서 2장 10절)를 언급하고 있다. '하늘 위'를 예전에는 막연히 대기권, 성층권, 그 이상 하늘 3계로 언급하는 자들도 많았다. 이런 애매하고 뜬금없는 언급은 과학의 발달로 의미가 없어져버렸다. 그러면 하나님이 계신 하늘나라는 도대체 어디에 있는가? 이에 대해 저자의 분명한 대답은 이렇다.

먼저 우주의 정확한 구조를 알아야만 한다. 우주의 비밀로, 우주와 중심에 관한 구조이다. 우주에는 태양계를 포함한 은하계가 엄청나게 많다. 성경에서는 우주를 여러 범주(範疇, category)로 나누어 언급한다. 다시 말해 영성의 차원에 따른 다층구조(multi-layer) 또는 여러 영역(multi-territory)으로 설명할 수 있다. 고린도후서 12장 1~2절 말씀을 인용하고자 한다.

"내가 부득불 자랑하노니 주의 환상과 계시를 말하리라 내가 그리스도 안에 있는 한 사람을 아노니 그는 십사년 전에 셋째 하늘에 이끌려 간 자라(그가 몸 안에 있었는지 몸 밖에 있었는지 나는 모르거니와 하나님은 아시느니라)."

여기서 그는 사도 바울이고, 셋째 하늘이 바로 우주의 3범주에 해당하며, 또 다른 다층구조를 포함한 여러 영역 중의 한 범주를 뜻한다. 그리고 하나님이 계신 하늘(heaven of God)은 그 이상의 범주일 것이다. 저자가 깨닫기로는 하나님 나라(천국)는 1범주에서 9범주까지 나뉘고, 하나님은 가장 상층 범주인 9범주 위에 존재하시는 것으로 알고 있다. 다음과 같이 일부 성경 주석을 인용하면서, 큰 논란이 일 것 같아 그 판단은 독자 여러분에게 맡기고자 한다.

"어떤 이들은 하늘을 셋으로 나누어 첫째 하늘은 구름이 있는 대기권, 둘째 하늘은 별이 있는 궁창(창세기 1장 14절), 셋째 하늘은 창조 세계를 초월하시는 하나님이 계신 영적인 하늘로 나누기도 한다."

과학은 인간 문명의 이기와 편리함을 제공해 준다. 바로 인간의 지혜가 과학을 발전시키고 문명을 꽃피게 한다. 신앙과 과학을 이분법으로 구분하여 별개로 취급해서는 안 된다고 생각한다. 과학이 극복하지 못하는 심오한 우주와 정신세계는 바로 신앙으로 다가서고 접근하게 해주기 때문이다. 과학은 신앙과 병행함으로써 신앙을 더욱 굳건하게 세워 준다.

히브리서 11장 1절 "믿음은 바라는 것들의 실상이요 보이지 않는 것들의 증거니", 더불어 "진리가 너희를 자유롭게 하리니"(요한복음 8장 32절)를 떠올리며 알려진 세계를 뛰어 넘어서는 하나님의 놀라우신 역사들이 인간을 통하여 이루어지는 진전을 기대해본다. 그것도 인간들에게 선하고 유익한 것들로의 진전을.

인성과 영성

*

인성(人性, humanity)은 사람의 인간성을 말한다. 인성을 보면 됨됨이를 알 수가 있다. 바로 개인 각자의 품격을 나타낸다. 인성을 교육학 입장에서 살펴본다면, 인성은 보다 긍정적이고 건전한 개인의 삶과 사회적 삶을 위한 심리적, 행동적 특성이다. 도덕 혹은 윤리적 개념을 바탕으로 삶에 대한 열정, 모험심, 호기심, 자신감, 가치관을 포함하는 보다 포괄적인 의미로 본다. 좋은 인성은 태도와 연결된다.

태도는 삶을 대하는 자세다. 자기를 받아들이고 다른 사람을 생각하며 세상을 바라보는 눈을 갖는 것이다. 미국 철학자 윌 로저스(Will Rogers)는 인생의 10%는 자신이 그것을 '어떻게 만드느냐'에 따라서, 90%는 그것을 '어떻게 받아들이느냐'에 따라서 결정된다고 하였다. '어떻게 받아들이느냐' 하는 것은 마음가짐을 말하는 것으로 인생에서 일어나는 여러 가지 일들을 긍정적인 사고로 생각하느냐, 부정적인 사고로 생각하느냐의 문제이다. 따라서 인성 교육이 중요하다. 그 중요성을 전문가의 말을 빌려 인용한다면, 조벽 교수는 "글로벌 인재에 필요한 세 가지는 인성, 창의성, 전문성이며, 이 중 인성이 가장 우선된다."고 했다. 김용 전(前) 세계은행 총재의 경우도 봉사와 헌신에 삶의 가치를 둔 인성교육을 가정에서 받고 자랐다. 한마디로 인성이 결여된 엘리트주의는 결코 사회의 리더를 만들지 못한다.

그런데 오늘날 우리 주위의 교육 환경을 살펴보자. 자본주의의 상징인 재물로 대표되는 부, 공명심을 위한 권력과 명예, 학벌을 위해 어릴 때부터 자녀교육에 모든 것을 쏟아 붓는 소위 다걸기(올인, all-in)하는 세태이다. 인성교육을 등한시 하고 오로지 입시만을 위한 교육 현장은 우리를 우울하게 하며, 씁쓸하게 한다. 언론에서 밝힌 전 이준식 사회부총리 겸 교육부장관의 말은 인성의 중요성을 나타내준다. "현재 한국 교육의 문제는 학업성적 위주의 줄 세우기 교육이다. 수학 문제 하나 더 푼다고 우수한 인재가 되는 것은 아니다. 초등학교 때부터 인성교육과 체험학습, 창의력을 키워주는 교육이 될 수 있도록 교육시스템을 바꾸어야만 한다."

인성교육은 빠르면 빠를수록 좋다. 어릴 적부터 교육과 훈육, 격려와 권면을 통하여 마음에 자리 잡도록 터전을 굳건하게 바로 세우지 않으면 나중에 어떠한 부정적인 결과를 가져올지 장담을 할 수가 없다. 왜냐하면 고착화되고 동여매어진 인성은 바뀌기가 어렵기 때문이다.

우리는 육신과 영혼으로 이루어졌기에 영혼에 대한 영성에 대하여 언급을 하고자 한다. 영성(靈性, spirituality)은 영적으로 이루어지는 즉 기도, 묵상, 명상, 관조, 행함이 따르는 믿음 등의 영적 수행을 통하여 얻어지는 열매이다. 영성의 성장으로 인한 영적 능력인 은사는 영감, 계시, 예언, 환상, 표적, 기사, 방언, 방언을 통역하는 통변, 치유, 영혼 분별 등이 여기에 해당한다. 이는 과학적으로도 증명할 수 없는 내재적인 성품(immanent nature), 초월적인 성품(transcendent nature)이다. 영성 또한 삶에서 영감을 주고 삶의 방향을 알려주는 원천인 것으로 경험되었으면 한다. 영성을 가지려면 성령(Holy Spirit)의 역사로 성령의 임재가 있어야만 한다. 성령이 영성의 원천이고, 영성의 진보를 이루어 나간다. 성령의 역사하심으로 성령의 임재로 우리 마음이 뜨거워지고, 감동이 일어나며, 열정이 생기면서 삶의 변화가 일어난다. 누가복음 24장 32절은 엠마오로 가는 두 제자에게도 "말씀으로 성경을 풀어 주실 때에 성령의 감동으로 우리 속에서 마음이 뜨거워졌노라."라고 말씀하신다.

영성을 키우고 지속적으로 진보시키려면 하나님 말씀을 묵상하고, 기도해야 한다. 그리하면 영의 눈이 뜨이고, 영의 귀가 들리고, 영의 입술이 열린다. 영의 마음이 열리면서 채워진다.

인성과 영성. 두 개의 키워드(핵심어)는 삶을 어떻게 살아가느냐에 있어 중요하다. 이를 교육하고 훈련하기에 좋은 해답은 디모데후서 3장 15~16절 말씀이다. "어려서부터 성경을 알았나니 성경은 능히 너로 하여금 그리스도 예수 안에 있는 믿음으로 말미암아 구원에 이르는 지혜가 있게 하느니라.", "모든 성경은 하나님의 감동으로 된 것으로 교훈과 책망과 바르게 함과 의로 교육하기에 유익하니"

인성과 영성은 하나의 인격체이므로, 병행하여 올바르게 세워져 나간다면 분명히 삶의 충실한 열매를 거둘 것이다. 품격도 빛날 것이다. 온전한 인격체로 세상에 빛과 소금의 역할을 다하는 모습을 기대해 본다.

인공지능(AI)에 대한
기대와 우려

*

알파고(AlphaGo)란 용어가 혜성처럼 나타났다. 그것은 엄청난 광풍이었다. 알파고 시대, 알파고처럼 학습하기 등의 표현들을 몰고 왔다.

2016년 3월 9일부터 15일까지 서울에서 천재 바둑기사 이세돌 9단과 인공지능 알파고의 대국이 진행되었다. 총 5국으로 치러진 경기에서 알파고는 4승 1패로 승리했다. 이세돌 9단은 4국에서 한 번 승리했으며 1~3국과 5국에서는 알파고가 일방적인 승리를 거두었다. 바둑은 고대 중국에서 시작된 게임으로 돌을 놓는 위치에 따라 경우의 수가 엄청나게 달라진다. 바둑에서 경우의 수는 서양장기인 체스보다 구골(googol, 10의 100제곱) 이상 많은 것으로 알려졌다. 알파고는 구글 딥마인드(DeepMind)가 개발한 인공지능 바둑 프로그램이다. 알파고(AlphaGo)의 고(Go)는 바둑을 뜻한다. 딥마인드는 구글이 2014년 인수한 인공지능 관련 기업으로 2010년 영국에서 설립되었으며 머신러닝 등의 기술을 사용해 학습 알고리즘을 만든다. 여기서 또 다른 용어의 광풍을 덩달아 발생시켰다. 바로 인공지능(AI,

Artificial Intelligence)이란 말이다.

　인공지능이란 사고나 학습 등 인간이 가진 지적 능력을 컴퓨터를 통해 구현하는 기술이다. 인공지능은 개념적으로 '강 인공지능(strong AI)'과 '약 인공지능(weak AI)'으로 구분할 수 있다. 강 인공지능은 사람처럼 자유로운 사고가 가능한 자아를 지닌 인공지능을 말한다. 인간처럼 여러 가지 일을 수행할 수 있다고 해서 범용 인공지능(AGI, Artificial General Intelligence)이라고도 한다. 강 인공지능은 인간과 같은 방식으로 사고하고 행동하는 인간형 인공지능과 인간과 다른 방식으로 지각・사고하는 비인간형 인공지능으로 다시 구분할 수 있다.

　약 인공지능은 자의식이 없는 인공지능을 말한다. 주로 특정 분야에 특화된 형태로 개발되어 인간의 한계를 보완하고 생산성을 높이기 위해 활용된다. 인공지능 바둑 프로그램인 알파고(AlphaGo)나 의료분야에 사용되는 왓슨(Watson) 등이 대표적이다. 현재까지 개발된 인공지능은 모두 약 인공지능에 속하며, 자아를 가진 강 인공지능은 현재까지는 등장하지 않았다.

　현재 인공지능이 적용된 스피커를 비롯하여 자율주행차, 생활가전, 로봇, 의료 진료・검진장비 심지어는 인간의 활동 공간인 서비스 분야까지 광범위하게 확대되고 있다. 더군다나 전 세계적으로 관심이 높은 기술이며, 향후 국가 첨단전략산업을 선도할 분야로 경쟁이 워낙 치열하여 눈부신 발전을 거듭하고 있다. 그 기술의 완성도와 파급은 가속화 될 것이다. 향후 공상과학 소설처럼, 인간의 상상력이 발휘되었던 영화처럼 인공지능 로봇까지 등장하는 시대가 도래하면 어떻게 할 것인가를 미리 대비하지 않으면 안된다.

2002년 7월에 개봉된 마이너리티 리포트(Minority Report)는 스티븐 스필버그가 감독하고 톰 크루즈가 주연한 공상과학(SF) 영화이다. 줄거리는 2054년 워싱턴, 이제 범죄는 미리 예측되어 사전에 차단한다. 인공지능이 완벽한 치안 사회를 구현한다는 내용이다.

2009년 6월에 개봉된 마이클 베이 감독의 트랜스포머(Transformers)는 제목이 말하듯 변신 로봇이다. 지구를 파괴하기 위한 악한 외계 로봇과 이를 막기 위한 선한 외계 로봇 간의 대결이 줄거리이다.

1984년 12월에 개봉된 터미네이터(The Terminator)는 제임스 카메론이 감독한 공상과학 영화이다. 때는 서기 2029년 로스앤젤레스. 핵전쟁의 잿더미 속에서 지구를 지배하는 기계들에게 대항하기 위해 인간들이 일어나게 된다. 1997년 인간이 만든 인공지능 컴퓨터 전략방어 네트워크가 스스로의 지능을 갖추고는 핵전쟁을 일으켜 30억 명이라는 인류를 잿더미 속에 묻어버린다. 그리고 남은 인간들은 기계의 지배를 받는다. 인간을 지배하고 있는 인공지능 로봇에 대항하는 인간과의 전쟁을 미래와 과거를 연결시켜 전개하였다.

인공지능에 대한 대표적인 영화가 시사하는 바는 매우 크며, 중요한 의미를 갖는다. 실제 인간의 상상력에 의한 성과를 역사의 수레바퀴를 통해 후세에서 객관적이고 엄격한 잣대로 평가한다면, 항상 옳고(선) 그름(악)이 등장했다는 것이다. 즉, 엄청난 변화에 대한 놀라움과 동시에 악용되어질 가능성에 대한 두려움이라고 말할 수 있다.

인공지능이 인간의 역량을 넘어서는 존재가 되어, 인간의 통제를 벗어나게 될 때 인류는 과연 어떤 미래를 맞을까?

인간의 지능과 수준을 넘어서는, 즉 강 인공지능보다 강력한 초 인공지능(super AI)이 등장한다면 '과연 인류의 미래가 보장될 수 있을까'라는 두려움이 엄습한다. 인간은 감정을 갖고, 사리로써 분별하고, 이성으로 판단하고 자제하며, 도덕적 자아로 인간다움을 유지하고 있다. 그러나 초 인공지능은 인간에게 이로움도 주겠지만, 더 위험할 수도 있다. 인간의 양면성과 같이 위험한 작동을 한다면 어떻게 제어할 것인가?

인간의 상상력에 의해 이루어지는 창의물로 인하여 역설적으로 인류 멸망의 참혹한 비극을 맞을 수가 있다. 어디까지 인공지능을 발전시킬지, 그 명확한 안전 규정을 만들어 안전성을 강화함으로 예기치 못하는 상황에 대비해야만 한다. 인간의 상상력과 창의력은 끝없이 발전하고 지능도 진화하기에 미래 사이보그(cyborg)의 출연 또한 두려움을 갖게 한다. 인간처럼 감정을 갖고 인간처럼 사고하고 판단하는 사이보그란, 컴퓨터와 인간의 육체를 합성한 합성인간 또는 인조인간을 말한다. 즉, 인간보다 뛰어난 지적능력을 지니고 있으며, 육체적으로도 강인하며 수시로 소프트웨어를 교체하여 생명도 연장할 수 있는 인간로봇이라고 할 수 있다.

2018년 3월 많은 과학적 업적과 영감을 인류에게 남기고 별세한 영국의 천재 물리학자 스티븐 호킹(Stephen Hawking, 1942~2018년)은 "AI가 인간의 의지와 충돌하는 의지를 갖기 전에 통제할 수단을 확보해야 한다."고 경고했다.

무서운 경고이자, 섬뜩하기까지 하다. 인공지능 개발자들은 인공지능과 인간이 서로 간 상호 영역을 유지하면서 공존하는 방법을 찾아야 한다고 말한다. 참으로 철학적이고, 윤리적인 말이다. 이상적이다. 그러나 된사람, 올바른 인간상의 교육을 받은 인간도 타락하는데 로봇에 선함을 전적으로 기대할 수만 있는지, 의문이 든다.

아무튼 과학기술 발전은 끊임없이 지속된다. 후대 인간과 과학기술이 동행하며 공존하는 선한 세상을 희망을 갖고 바라본다.

걱정과 근심

하나님 은혜에 감사하는 다윗의 시, 시편 23편을 인용하고자 한다.

"1 여호와는 나의 목자시니 내게 부족함이 없으리로다 2 그가 나를 푸른 풀밭에 누이시며 쉴 만한 물가로 인도하시는도다 3 내 영혼을 소생시키시고 자기 이름을 위하여 의의 길로 인도하시는도다 4 내가 사망의 음침한 골짜기로 다닐지라도 해를 두려워하지 않을 것은 주께서 나와 함께 하심이라 주의 지팡이와 막대기가 나를 안위하시나이다 5 주께서 내 원수의 목전에서 내게 상을 차려주시고 기름을 내 머리에 부으셨으니 내 잔이 넘치나이다 6 내 평생에 선하심과 인자하심이 반드시 나를 따르리니 내가 여호와의 집에 영원히 살리로다."

이 내용을 기록한 다윗은 사망의 음침한 골짜기로 비유할 만큼 죽음의 고비를 수차례 넘겼다. 이루 말할 수 없는 많은 어려움을 겪었다. 그러나 하나님께서는 그를 어떤 모습으로 인도하셨는지를 묘사하고 있다. 하나님께서 자신을 바로 세워 회복시켜 주시고, 뼈저린 고통과 어려움에서도 단련시켜 순금같이 정결하고 거룩하게 세워주심을 고백하고 있다.

그렇다. 살다보면 걱정과 근심이 우리를 엄습하고 있다. 걱정과 근심이 우리 곁을 떠나지 않는 이유는 무엇일까? 그 이유는 내일 일을 알지 못하기 때문이다. 우리에게는 삶의 욕구가 있다. 한번 맛 들이면 절제하기 힘든 삶의 욕구가 끊임없이 생겨나기 때문이다. 삶의 욕구가 너무 많기 때문이다. 내일이라는 이상과 오늘이라는 현재에 직면하는 현실과의 괴리가 발생하고 있다. 이 괴리(갭, gap)를 채워가야 하는 욕망은 있는데 완전히 채우지를 못한다. 또한 우리는 불확실성 시대에 살고 있다. 너무나 빠른 변화에 제대로 대처를 못하며, 적응도 못하고 있다. 가까운 장래와 먼 미래가 불확실하기 때문이다. 그래서 걱정과 근심에서 벗어나고 싶어도 벗어날 수가 없는 것이다.

두려움이 걱정과 근심을 일으킨다. 살다보면 생각지 못하는 수렁에 빠지기도 하고, 올무에 매인다. 심지어는 절망이란 늪에 빠져 헤어나지를 못해 인생을 등지고자 하는 극단적인 생각까지도 한다.

육신적, 정신적 고통이 반복적으로 또는 느닷없이 찾아오는 경우도 있기에 예방도, 대처를 하기도 힘들다. 인생이 형통하고 즐겁고, 기쁘고, 감사한 나날들이라면 얼마나 행복하겠는가. 인생은 늘 그러하지는 않기에 희로애락의 여정이라고 하지 않는가. 역설적으로 말하자면, 걱정과 근심이 오히려 그것들을 뛰어넘어 우리를 단련시켜 삶의 자락에서도 세상을 헤쳐나갈 힘을 준다.

혹자는 말한다. "인생을 아름답게 만드는 것이 고난이라고. 겪을 당시에는 모르지만 견뎌내고 시간이 흐르면 그것이 선물이라는 것을 깨닫는다고." 우리에게 쉽게 용인되는 말은 아니지만, 분명한 것은 내성(耐性)이 생긴다는 것이다. 내성은 웬만한 것은 충분히 참고 이겨내는 성질이다. 견딜수록 그만큼 인생의 깊이도 깊어지고 세상을 바라보는 관조(觀照)도 심오해질 것이다.

다윗의 고백처럼 성경은 말하고 있다.

하나님은 앞장서서 우리를 인도하신다. 어디로 가야 할지, 어떤 일을 해야 할지, 어떤 것을 선택할지, 어떻게 해야 할지를 지혜로 알려주시면서 인도하신다.

하나님은 끝까지 인도하신다. 우리가 인생의 험한 골짜기를 지날 때에도 함께 하시며, 이 땅은 물론 저 천국에 이를 때까지(영원한 생명으로 까지) 선하심과 인자하심으로 인도하신다.

성경은 말한다(빌립보서 4장 6절, 베드로전서 5장 7절). 아무 것도 염려하지 말라는 말씀이다. 염려를 모두 하나님께 맡기라고 말한다. 솔직히 받아들이기도 순종하기도 힘든 말이다. 걱정과 염려가 밀물처럼 밀려오는 삶의 현장에서 염려하지 않을 수는 없다. 그러나 성경에 등장하는 인물들 가운데 수많은 어려움과 고난, 고통을 이겨낸 사람들의 공통점이 있다. 그들은 모두 하나님의 인도하심과 돌보심의 확신을 가지고 있었으며 그 확신으로 극복하고 이겨냈다는 것이다.

하나님은 여태껏 우리 눈에는 보이지 않는다. 그러나 우리에게 합당한 하나님의 섭리는 분명히 작용하고 있다는 사실이다. 인도하심의 확신이란 하나님께서 지켜주시고, 돌봐주시고, 해결해주시고, 마무리까지 해주신다는 의미이다. 늘 인도하심의 확신을 가지고 하나님을 바라보면서, 의지하면서 모든 걱정과 근심을 이겨내는 여러분이 되시기를 바라며 기대한다.

"너희는 무엇을 먹을까 무엇을 마실까 하여 구하지 말며 근심하지도 말라 이 모든 것은 세상 백성들이 구하는 것이라 너희 아버지께서 이런 것이 너희에게 있어야 될 줄을 아시느니라 오직 너희는 그의 나라를 구하라 그리하면 이런 것을 너희에게 더하시리라."(누가복음 12장 29절~31절)

명상 소고(小考)

*

    치열한 경쟁 속에서 그것도 너무 치열한 생존 속에 살아가는 현대인의 삶은 너무 빡빡하다. 소위 다람쥐 쳇바퀴 돌듯한 일상은 삶을 무미건조하고 삭막하게끔 만든다. 스트레스가 쌓인다. 어린이들도 유치원부터 공부라는 경쟁의 소용돌이에 휩쓸리고, 성인이 되어서도 우리에게는 경쟁에서 오는 부산물이 나타난다. 강박증, 망상 등이다. 이런 강박증, 망상에서 비롯되는 걱정, 근심, 괴로움, 초조, 불안 등으로 말미암아 현대인의 육적, 심적인 병이 유발된다. 이런 병폐에 빠져들지 말고, 더군다나 붙잡히지 않기 위해서는 담담하게 마음을 다스려야만 한다. 최근 들어 종교 단체 뿐만이 아니라 의료기관, 요양 시설, 기업, 지자체 등 여러 곳에서 명상을 적극적으로 도입하고 있다.

    의료기관이 육신치료, 장기치료에 중점을 둔다면 명상은 마음치료, 내면치료에 중점을 두어 마음을 치료함으로써 정신건강에 도움을 주는 훈련법이다. 명상은 본래 불교에서 말하는 해탈의 수단이다. 욕망과 탐욕의 인간계에서 살아가는 우리들에게는 해탈이 불가능하지만, 명상을 통하여 욕망과 탐욕을 줄이고, 분노와 화를 줄이기만 해도 훨씬 평안하게 살아 갈수가 있다. 육체의 비만치료를 위해 다이어트가 필요하듯 세상의 잡념과 얼룩으로 인해 쌓여진 정신의 비만에도 다이어트가 필요한 것이다.

직원들의 정신건강에 도움을 주고자 삼성전자도 2018년 5월 1,000억 원을 들여 경북 영덕에 명상수련원을 열었고, LG디스플레이도 경북 문경에 명상을 주제로 하는 힐링센터를 운영 중이다. 미국 구글(google)에서도 마음 챙김 프로그램을 개발해 직원들의 정신건강 유지에 도움을 주고 있다.

이윤을 추구해야 할 기업이 욕망과 탐욕에서 벗어나고자 하는 명상 프로그램을 도입해 운영한다는 것은 모순이 된다. 그러나 이윤을 추구하는 주체인 직원들이 안정되고 편안한 정신 상태에서 일할 수가 있다면 생산성이 높아질 수가 있기에 명상을 도입하는 이유이다. 명상에서 가장 중요한 점은 우선 마음을 비우는 것이다. 그런 후 마음을 깨끗이 하는 것이다. 마음을 다스려야만 한다.

과거의 회한이 현재 나를 괴롭히고, 장래에 대한 걱정 불안은 나를 괴롭히면서 망상을 불러일으킨다. 망상으로 인한 우울증, 조울증, 조현증, 정신분열은 자아를 피폐하게 만들고 망친다. 정신건강이 망가지면 육신의 건강도 폐허가 된다.

걸으면서 하는 명상, 서서 하는 명상, 앉아서 하는 명상을 통해 마음을 평정시켜야 한다. 명상은 여러 측면에서 정신건강에 상당한 도움이 되기 때문이다.

명상은 마음을 다스리는 정신수양이다. 세상사로 인해 답답하고 체한 마음을 명상으로 느긋하게(relax, 릴랙스) 하여 스트레스와 중

압감을 덜어주고 집중력도 높여준다. 효율성도 좋아진다. 따라서 삶의 활력도 생긴다. 삶의 질이 개선된다.

"수고하고 무거운 짐 진 자들아 다 내게로 오라 내가 너희를 쉬게 하리라."(마태복음 11장 28절)

기독교에서는 묵상과 통한다. 묵상은 하나님께 자신을 내려놓고 깊게 생각하는 행위이다. 묵상은 기도와 명상을 수행하는 방법 중 하나이다. 가톨릭에서 말하는 관상(觀想)기도와도 일맥상통한다. 예수님의 산상수훈 말씀 중에 "마음이 청결한 자는 복이 있나니 저희가 하나님을 볼 것임이요."에서 그 유래를 찾을 수가 있다.

고요한 침묵 속에 하나님을 사랑의 마음으로 바라보고 교통하면 우리 몸과 마음이 편안해지고 평강과 안식을 얻을 수 있다.

명상은 비우는 것이다. 기독교 묵상은 마음을 비우고 하나님 말씀으로 그 마음을 채우는 것에 중심을 둔다. 채우지 않으면 공허감을 느낀다. 성경의 진리로 마음을 채우면 환경에 요동하지 않는 든든함이 있다.

단순히 비움을 넘어 진리로 가득 채울 때 자유를 누릴 수 있다.

"진리를 알지니 진리가 너희를 자유롭게 하리라."(요한복음 8장 32절)

인생은 나그네길

인생에 대해 철학적, 함축적으로 표현한 노래 가사를 소개하고자
한다. 당시는 보기 드문 대학 출신 가수로 그것도 서울대학교 법대
행정학과 출신인 최희준(1936~2018년)이 1965년에 부른 대표적인
히트곡 '하숙생'의 가사는 다음과 같다.

인생은 나그네 길 어디서 왔다가 어디로 가는가.
구름이 흘러 가듯 떠돌다 가는 길에
정일랑 두지 말자 미련일랑 두지 말자.
인생은 나그네 길
구름이 흘러가듯 정처없이 흘러서 간다.

인생은 벌거숭이 빈 손으로 왔다가
빈 손으로 가는가 강물이 흘러 가듯
여울져 가는 길에 정일랑 두지 말자 미련일랑 두지 말자.
인생은 벌거숭이
강물이 흘러 가듯 소리없이 흘러서 간다.

인생은 말 그대로 인간의 삶, 생애, 일생이다. '인생이란 무엇이냐?'라고 간혹 인생에 대해 논한다. 인생을 간단하면서도 명료하게 정의하라고 묻는다면, 머릿속에 많은 생각들이 아른거리지만 막상 표현하기는 쉽지 않다. 그렇기에 인생을 정의하고 표현하는데 많은 비유들이 등장한다.

- 인생을 이루는 세월은 흐르는 물과 같이 빠르다.
- 일장춘몽(一場春夢, 한바탕 꿈을 꿀 때처럼 흔적도 없는 봄밤의 꿈이라는 뜻으로, 인간 세상의 덧없음을 비유적으로 이르는 말로 인생의 영화(榮華)는 한바탕의 봄꿈과 같이 헛되다.)
- 인생은 짧고 예술은 길다.
- 희로애락의 여정
- 인생은 마라톤

인생에 대한 정의는 살아가고 살아온 가치관에 따라 아주 다양하다. 보는 시각에 따라 그 정의는 각양각색이다.

인생의 지혜를 담고 있는 성경을 인용하고자 한다. 성경 시편 39편 4~5절은 "여호와여 나의 종말과 연한이 언제까지인지 알게 하사 내가 나의 연약함을 알게 하소서.", "주께서 나의 날을 한 뼘 길이만큼 되게 하시매"와 같이 인생은 한 뼘 길이라고 한다. 인생의 연한이 짧고, 빨리 지나가며, 덧없다는 의미이다.

시편 119편 54절은 "내가 나그네 된 집에서 주의 율례들이 나의 노래가 되었나이다."라고 말씀하신다. 나그네 된 집은 나그네가 임시로 거처하는 곳이다. 이는 곧 떠나야 되기 때문에 이 땅에서 잠시 머무는 인생 즉 나그네된 삶을 비유한다. 인생은 나그네 길이므로 여기서 잠시 머물 뿐이다. 나그네 길은 낭만적으로 보이나 힘들고 험한 길이다. 인생은 누구나 떠나야 할 운명을 안고 태어났다.

누군가가 얘기했듯이 인간은 인생이란 긴 터널을 지나가야만 한다. 이것이 숙명이자, 운명이다. 무심코 가는 여정이 아니라, 무의미하게 가는 여정도 아니라 보람이 되는 여정이 되어야만 한다. 하루하루 어떻게 살까를 하나님께 물으면서, 지혜롭고 분별 있는 삶을 영위해야 한다. 주어진 일에 최선을 다하고, 열정을 쏟으면서 삶의 궤적에 조그맣게라도 본을 보인 신앙의 흔적이 남았으면 한다.

인간에 대해서 이사야 40장 6절, 8절은 "모든 육체는 풀이요 그의 모든 아름다움은 들의 꽃과 같으니", "풀은 마르고 꽃은 시드나 우리 하나님의 말씀은 영원히 서리라 하라."라고 말씀하신다. 풀과 같이 연약한 우리의 육신은 순식간에 마르고 시든다.

호흡이 있는 자마다 여호와를 찬양하며(시편 150편 6절) 우리는 삶의 저편에 있는 영원히 거주할 곳인 참된 본향을 찾을 소망을 가져야만 한다. 나의 묘비명에 다음과 같이 남기고 싶다.

'하나님 은혜로 짧디 짧은 나그네 인생을 살았다. 지나가는 나그네여, 잠시 걸음을 멈추고 여기를 보시오. 나도 얼마 전까지 당신과 같은 나그네였다오. 인생은 짧다오. 부디 인생을 의미 있게 사시오. 그리고 후회와 회한이 없는 삶이 되도록 시간을 아끼시오'라고!

"그러므로 어리석은 자가 되지 말고 오직 주의 뜻이 무엇인가 이해하라."(에베소서 5장 17절)

마더 테레사 수녀를
회상하며

*

착하게 살자고 다짐하지만, 늘 실천하기 어렵다. 물질을 선용하겠노라고 말하지만 늘 실행하기가 어렵다.

우리가 선포해야 할 말씀이신 예수의 도를 겸손하게 실천하신 표상이 되는 분이 바로 마더 테레사(Mother Teresa, 1910~1997년) 수녀이다. 어떤 종교든 성직자의 향기는 청빈과 내려놓음과 비움에서 풍긴다. 말과 행동에 있어 가식과 위선이 난무하는 종교 단체에 있어서 마더 테레사 수녀는 청정 그 자체라고 해도 과언은 아니다.

종교는 진리와 공의와 선을 말하며, 구원과 사랑과 자비를 가르친다. 그러나 종교의 폐단과 부작용이 갈수록 심각하고 위태롭기에, 참 안타까운 현실이다. 왜냐하면 종교의 폐단은 매너리즘에 빠지고, 인간을 섬기는 우상화가 심각하고, 자의반 타의반으로 인한 탐욕에 도취되었기 때문이다. 여기에 신앙과 현실이 이분법적으로 동떨어져 있기 때문이다. 진리를 추구하지만 삶의 여정에서 생기고 발생되는 오류로 인하여 온전함이 더디어진다.

살아가는 동안 신앙의 완성과 온전을 향해 계속 영적 진화가 되어야 한다. 영적 정진을 이루어야 한다. 그래서 영적 방랑자가 영적 인격체로 바뀌어져야만 한다.

성인(聖人) 마더 테레사의 삶에서 예수의 사랑을 실천하는 소명의식을 볼 수가 있다.

마더 테레사는 가톨릭 수녀로 본명은 '아그네스 곤자 보야지우로'이다. 1928년 수녀회에 들어가 평생을 인도에서 가난한 사람들을 위해 봉사했다. 1948년 '사랑의 선교회(Missionaries of Charity)'를 창설하여 전 세계적으로 빈민과 병자, 고아 그리고 죽어가는 이들을 위해 헌신하였다. 사후 교황 요한 바오로 2세에게 시복되어 '콜카타의 복녀 테레사'라는 호칭을 받았다.

사랑의 실천을 몸소 보여준 마더 테레사는 1910년 스코페의 노동자 가정에서 태어났다. 당시 스코페는 오스만 제국령이었으나 현재는 마케도니아 공화국에 속해 있다. 열두 살의 나이에 가톨릭에 귀의하기로 마음먹은 아그네스는 1928년 아일랜드 라스프란햄의 '복되신 동정녀 마리아회'에 들어가 인도로 갔다. 같은 해에 로레토회 수녀가 되며 테레사라는 이름을 받게 되었고, 벵골의 엔탈리에 있는 여학교에서 역사와 지리를 가르쳤다.

1946년에 그녀는 수녀원을 나가도 좋다는 허락을 받았다. 이 무렵 그녀는 평생을 인도에서의 사역에 바치겠다고 마음먹었던 것 같다. 그즈음 쓴 글에서 그녀는 선교활동과 자선행위를 '소명 속의 소명(the call within the call)'이라 불렀고 1950년에는 국적을 인도로 바꾸었다. 그녀는 간호학을 배워 콜카타의 빈민촌에서 봉사를 시작했다. 1948년에 창설된 사랑의 선교회는 1950년 교황 피우스 12세에게 교회법에 따라 인가를 받았고 1965년에는 교황청 직속 수도회가 되었다.

1952년 8월 22일에는 '병들고 죽어가는 사람들의 집'을 개설했다. 그러나 그리스도교도들이 선교활동을 위해 건물을 이용할 것이라고 의심한 힌두교도들의 반대 시위가 벌어졌다. 외국인 수녀에 대한 인도 관리들과 보수적인 로마 가톨릭계의 반감 등에 아랑곳하지 않고 테레사 수녀는 죽어가는 사람들과 나병환자, 버려진 아이들, 노인들에게 도움을 베풀고 선교활동을 넓혀나갔다. 그들을 거부하던 힌두교도들도 사랑의 선교회 수녀들이 종교에 구애받지 않고 복지활동을 하는 모습을 보고 차츰 그들을 받아들이게 되었다.

테레사 수녀의 선교회는 동남아시아, 유럽, 아프리카, 오스트레일리아, 라틴아메리카, 중국 등지에까지 확장되었다. 1971년에 사랑의 선교회는 뉴욕 시에도 최초로 수녀원을 세웠다.

그녀의 명성은 널리 퍼졌고, 그 공로를 인정받아 1971년에는 제1회 교황 요한 23세 평화상을, 그리고 1979년에는 노벨 평화상을 수상했다. 상을 받으며 그녀는 이렇게 말했다. "저는 우리 가난한 사람들을 위해 청빈을 선택합니다. 그러나 배고프고 벌거벗고 집이 없으며, 신체에 장애가 있고 눈이 멀고 병에 걸려서, 사회로부터 돌봄을 받지 못하고 거부당하며 사랑받지 못하고, 사회에 짐이 되고 모든 이들이 외면하는 사람들의 이름으로 이 상을 기쁘게 받습니다."

이후 테레사 수녀는 가난한 사람들과 도움을 필요로 하는 사람들을 위해 활동을 펼칠 수 있는 국제적 기반을 한층 광범위하게 확보해나갔다. 그녀는 심장질환으로 인해 1990년에 대수녀원장직을 공식적으로 사임했지만, 적절한 후계자를 물색하지 못해 1997년 3월 니르말라 수녀가 임명될 때까지 계속 그 역할을 수행했다. 그리고 1997년 9월 5일 심장병으로 콜카타에서 사망했다.

'빈민굴의 성녀'로 살아온 그녀는 헐벗고 가난한 사람에게 진정으로 연민을 가졌고, 평생 자신도 가난 속에서 그들과 함께 살며 봉사했던 삶은 영원히 역사에 남을 것이다.

"예수는 빛이고 예수는 진리이며 예수는 생명입니다. 우리도 또한 사랑의 빛, 겸손의 진리, 성덕의 생명이 되어야 합니다.", "나는 어떻게 하면 겸손해 질까요? 내게 오는 굴욕들에 의해, 있는 그대로의 나 자신을 받아들임으로써, 약점에 대해 기뻐함으로써 나는 겸손해집니다. 당연히 우리는 이와 같은 것을 싫어합니다. 그러나 하나님 안에서의 신뢰는 모든 것을 할 수 있습니다. 하나님께서 필요로 하시는 것은 우리의 풍부함이 아니라 우리의 비움과 겸손입니다."라는 말씀을 기억하면서, 마더 테레사 수녀를 회상한다.

문득 한경직 목사님이 그리워진다. 마더 테레사 수녀와 같이 청빈과 내려놓음과 비움의 삶을 보여주셨던 아름다운 모습이 그리워진다.

설화(舌禍)

*

사람의 인성에 대한 기대 때문일까? 많은 공부를 하고, 높은 학식을 갖춘 명예로운 지위를 가진 사람들 중에서도, 남을 배려하고 존중하면서 잘못된 점들을 깨우치게 하는 행동보다도 남에게 자기 감정과 주관으로 독설을 퍼붓는 잘못된 버릇을 가진 사람들을 볼 때마다 참 안타깝고, 서글프다. 독설은 남을 해치거나 비방하는 모질고 악독스러운 말로서 인신공격이며 인격모독이기 때문이다. 물론 독설이 지위, 학벌, 재산과 직접적으로 연관된 것은 아니다. 사람마다 다르기 때문이다. 성격적으로 보면 생각없이 대놓고 공격적으로 말하는 사람들도 있고, 교묘하게 남을 폄훼하는 사람들도 있다.

한편, 남을 배려하고 존중하면서 잘못된 점들을 깨우치게 하려고 해도 상대방이 들으려고도 하지 않고 진실된 대화의 노력도 하지 않는 사람들이 있다.

"입에서 나오는 것들은 마음에서 나오나니 이것이야말로 사람을 더럽게 하느니라."(마태복음 15장 18절)

거짓과 책임 회피가 중심이 되는 '아니면 말고'식의 말도 늘 사회

111

적인 문제가 되고 있다. '무심코 던진 돌에 개구리가 죽는다'라는 속담에서 상처 주려는 의도 없이 아무런 뜻이나 생각이 없이 말하는 실수도 있지만, 무심코가 아닌 선하지 않은 의도를 갖는 독설은 망나니의 칼춤이라고도 할 수 있다.

로마서 12장 19절, 히브리서 10장 30절, 디모데후서 4장 14절 말씀에서는 "하나님께서 그 행한대로 갚으시고 잘못된 것에 대해 심판으로 갚으시겠다."고 기록하였다.

이제 우리에게 '침묵이 금이다'라는 가르침은 먼 옛날의 고전처럼 되어 버렸다.

현재는 유튜브, SNS 등 다양한 채널들이 등장해서 의견을 공유하는 시대이다. 자신을 차별화시키고 드러내려면 무조건 튀어야 하는 시대이다. 때로는 일부에서 비호감으로라도 자신을 부각시키고, 대중 여론의 초점을 받고자 하는 방법을 쓴다. 즉, 수단이 목적을 정당화시키기도 한다. 잠시 비난의 화살은 쏟아지지만, 적절치 못한 말로 각인된 비호감 전략은 반면에 간접욕구를 채우려는 지지자들을 결집시키기까지 한다. 참 아이러니한 현상이다. 그러나 이것이 오늘을 사는 하나의 생존전략이 되어버렸고, 관성이 되었다. 관성은 참 무섭다. 행동하는 습관이 고쳐지는 것이 아니라 계속 진행되는 것이고, 멈춰지지도 않는다. 내성도 무섭다. 처음에는 가볍고 약한 자극에도 반응했으나, 내성이 점차 강해져 이제는 강력하고 무서운 독성을 지닌 막말의 범람에도 무감각해져 있다. 그러면 더한 맹독성 막말이 생겨나고 쏟아지며 범람한다. 악순환이 생긴 것이다. 왜 막말, 말폭탄, 독설이 난무하는 세태가 되었을까?

지금은 튀는 시대이다. 색깔을 드러내야 생존하는 인기 지상주의에 도취되어 버렸다. 이 욕망의 시대에서 잘못된 부산물이기도 하다.

딱딱하고 건조한 교양적인 말보다는 재미있고 웃기며 자극적인 말을 좋아한다. 검증되고 정확한 말과 지식보다는 분식되고 과장된 이야기에 더 관심을 기울인다. 알맹이보다 욕구를 채워주는 자극적 전달에 집중하다보니 본말이 전도되는 현상이 생긴다. 점잖은 말은 심심하고 지루하다. 그러나 튀는 말은 욕은 먹지만 자극성이 있어 더 재미있고 맛깔스럽다. 각 분야에서 다양한 경험을 거쳐 형성된 실력으로 던져지는 알맹이를 담은 말과 지식이 중요한데, 사람들은 주목만 받으려고 팩트(fact)에 근거하지 않는 막 던지는 다변, 달변에 현혹되고 있는 실정이다. 인기가 돈이고 명예이다. 인지도가 돈이고 명예이고 권력이 되었기에 이를 먹고 사는, 더 정확하게 말하자면 이를 통해 생존하는 사람들에겐 잠시 욕을 먹는 것보다 대중에게 잊혀지는 것이 더 무섭고 두렵기 때문이다. 적절치 못한 말이 용인되고, 과포장으로 확대되어져 가공·생산·재생·전파·확산되는 세태야 말로 우리들의 탓인 것이다. 이러한 현상은 측은하면서 연민까지도 느껴져 참 안타깝다.

파토스(감정)에 전도되어 로고스(이성)와 에토스(도덕성)가 결핍되어진 사회현상을 보면 카오스(무질서)와 에러(오류)의 소용돌이에 휘말리고 있다고 해도 과언은 아니다. 지상파를 비롯하여 여러 SNS, 1인 미디어의 도덕적이고 사회적인 책임을 위한 전 사회적 노력이 필요하다.

독일의 실존주의 철학자 니체는 세 치 혀의 가벼움을, "사람은 언제 말해야 하는가? 더는 침묵이 용인되지 않는 바로 그때 말해야 한다. 사람은 무엇을 말해야 하는가? 자신의 손으로 이룬 것, 자신이 이미 극복한 일만을 차분하고 담담하게 말해야 한다."와 같이 경계했다. 중국 한나라 무제 때 쓰여진 사마천의 사기(史記)에 나오는 '세치의 혀'(삼촌지설, 三寸之舌)의 의미가 토론과 논쟁에서 뛰어난 화술로 상대를 제압하고 설득한다는 것이다. 말로 덕을 쌓으면 서로에게 복이 되겠지만 말을 잘못하면 화를 입히는 것에 인용되기도 한다. 베드로전서 3장 10절 "그러므로 생명을 사랑하고 좋은 날 보기를 원하는 자는 혀를 금하며 악한 말을 그치며 그 입술로 궤휼(간사스럽고 교묘한 속임수)을 말하지 말고"라고 권면하고 있다.

소위 대중의 인기를 먹고 살면서 그 말이 선한 영향력을 끼치지 못한다면 그것이 설화가 되어 부메랑처럼 자신에게 날아들게 된 경우를 종종 보곤 한다. 인기는 한순간의 거품에 지나지 않고, 그로 인한 위세와 영화도 오래 가지 않는다.

우리나라 속담에서 '말 한마디가 천 냥 빚을 갚는다'처럼 따뜻한 말 한마디에 힘을 얻고, 상대에게 좋은 인상을 줄 수 있다. 남을 배려하고 소통하는 능력은 현대인들에게 없어서는 안 될 중요한 인성이다. 데살로니가전서 5장 14절 "너희를 권면하노니 규모 없는 자들을 권계하며 마음이 약한 자들을 격려하고 힘이 없는 자들을 붙들어주며"

불교에서는 묵언수행(默言修行)이라는 아무런 말도 하지 않고 하는 참선이 있다. 이는 말을 함으로써 짓는 온갖 죄업을 짓지 않고 스스로의 마음을 정화시키기 위한 목적이요, 또한 말을 적게 하되 신중하게 말하며, 들을 때는 진심으로 두 배는 더 듣는 수행이다. 쓸데없는 말, 상처주는 말, 잡스러운 말(雜言)을 줄이고 자기 내면 세계를 성찰하기 위한 자기 수행이다.

성경에도 말하는 입에서 말을 뱉어내는 혀와 입술에 대해 기록하고 있다.

야고보서 3장 5절~6절, 8절 "혀도 작은 지체로되 큰 것을 자랑하도다 보라 얼마나 작은 불이 얼마나 많은 나무를 태우는가", "혀는 곧 불이요 불의의 세계라 혀는 우리 지체 중에서 온 몸을 더럽히고 삶의 수레바퀴를 불사르나니 그 사르는 것이 지옥 불에서 나느니라.", "혀는 능히 길들일 사람이 없나니 쉬지 아니하는 악이요 죽이는 독이 가득한 것이라."

로마서 3장 13절~14절 "그들의 목구멍은 열린 무덤이요 그 혀로는 속임을 일삼으며 그 입술에는 독사의 독이 있고", "그 입에는 저주와 악독이 가득하고"라고 말씀하신다.

말의 품격이야말로 계량화 할 수 없는 정성적인 인성을 측정하고, 인격을 평가하는 기준이 된다. 그런데 말의 품격은 행동과 마음의 중심에서 뒷받침된다. "우리가 말과 혀로만 사랑하지 말고 오직 행함과 진실함으로 하자."(요한일서 3장 18절). 말로만 그럴 듯하다면 위선이 될 뿐이다.

지식(knowledge)은 세상의 변화에 따라 달라질 수 있지만, 진리(truth)는 변하지 않는다. 잠언 31장 26절 말씀 "입을 열어 지혜를 베풀며 그 혀로 인애의 법(faithful instruction)을 말하며"와 같이 말의 지혜가 넘치는 모습이 필요하다. 마음의 죄성에서 말이 나오지 않도록 마음을 다스리는 인격의 깊이가 없다면 하나님의 갚으심을 피할 수 없을 것이다. 하나님의 의의 말씀을 경험함으로써 로마서 12장 21절 말씀 "악에게 지지 말고 선으로 악을 이기라."처럼 하나님의 의와 나라가 이루어지기를 고대해 본다. 이것이 바로 우리 인간에게 향한 공정(公正)이자 공의(公義)이기 때문이다.

푯대를 향하여

하나 뿐인 인생 즐겁게 살자. 하나 뿐인 인생 행복하게 살자. 하나 뿐인 인생 건강하게 살자.

집에 가훈이 있거나, 각자의 좌우명이 있다. 인생살이 표어의 주된 주제로 '인생'에 관한 것들이 많을 듯하다.

빌립보서 3장 12~14절 "내가 이미 얻었다 함도 아니요 온전히 이루었다 함도 아니라 오직 내가 그리스도 예수께 잡힌 바 된 그것을 잡으려고 달려가노라.", "형제들아 나는 아직 내가 잡은 줄로 여기지 아니하고 오직 한 일 즉 뒤에 있는 것은 잊어버리고 앞에 있는 것을 잡으려고", "푯대를 향하여 그리스도 예수 안에서 하나님이 위에서 부르신 부름의 상을 위하여 달려가노라."라고 기록하고 있다. 사도 바울이 생각하는 인생을 알 수 있다.

성경 말씀의 기록자 사도 바울은 인생은 경주라고 비유하고 있다. 인생은 마라톤이다. 출발선은 동일하지만 과정이 다르기에 결과도 달라진다. 또한 그리스도인의 열심은 그저 단순한 열심이 아니다. 목적이 있고, 방향이 있으며, 특정한 좌표도 있으며, 존재의 의미가 있

117

다. 그것은 마치 마라톤 주자가 정확한 골인점을 향하여 달리는 것과 같다. 12절에서 '잡으려고'라는 단어는 크게 세 가지 의미를 갖는다. 먼저는 '붙잡다'라는 뜻이다. 두 번째는 어떤 대상을 '추월하다'는 뜻이다. 마지막 세 번째는 '이해하다'라는 뜻이다. 세 가지 의미를 종합하여 보면, 현실의 삶에 안주하지도 않고, 자만하지도 않고 삶의 경주를 위해 전진하며, 영적 진보를 이루겠다는 것이다.

생명체는 살아가는 한 움직여야 한다. 정체되어서는 안된다. 생명은 생명력 있게 살아가야 하고 살아남아야 한다. 그리고 어디로 가야할지 정확한 목적이 있어야 한다. 삶의 경주의 방향이 분명해야 한다. 그리스도인들은 하나님 나라에 대하여 살아있는 소망을 둔 분명한 삶의 목적이 있다.

사도 바울이 말한 삶의 푯대와 경주의 자세는 우리 심령 안에 바울과 같은 마음이 있어야 참의미를 알 수가 있다. 깨닫게 된다. 하나님의 영이 임하여 자기 속사람이 변하는 것이 구원이고 거듭남이다. 사도 바울도 영적 성숙함을 가진 사람에게 푯대를 향하여 가는 마음을 가져야 한다고 권면하고 있다. 하나님 말씀으로 깨닫고 순종하므로 그 속사람에 거하는 하나님의 의와 뜻을 자기 육신의 수명이 다하는 날까지 표현하면서 사는 것, 그것이 구원을 이루는 것이고 사도 바울이 말하고 있는 푯대를 향하여 가는 삶인 것이다.

19세기 폴란드 시인 노르비트는 인생을 행복하게 살기 위해서 세 가지가 필요하다고 했다.

첫째, 먹고 사는 일

인간의 본질 욕구인 의식주를 해결하는 일이다.

둘째, 재미있는 일

살면서 자기 만족과 성취감을 이루어 가는 일이다.

셋째, 의미 있는 일

살면서 보람을 찾아 가는 일이다.

여기에 몇 가지를 더해 보고자 한다.

넷째, 가능한 한 후회 없이 사는 일

필연코 맞이하는 삶의 겨울, 삶의 종착점에서 인생을 돌이켜
보며 회한이 없는, 후회됨이 없는 일을 하는 것이다.

다섯째, 사람답게 사는 일

먹고 사는 일이나 재미있는 일에만 머무른다면 의미 있는 일, 가능
한 한 후회없이 사는 일, 사람답게 사는 일의 가치를 알지 못하여 삶
에 대한 감사함의 가치도 낮아질 것이다.

한 번뿐인 인생, 하나뿐인 인생이다. 그 인생을 채우는 구성 내용
을 살펴본다면, 즐겁고 기쁠 때가 있다. 행복할 때가 있다. 반면에 좌
절되고, 낙심될 때가 있다. 슬프고 고통스러울 때가 있다.

하나님 보시기에 찰나 같은 인생이며 나그네 같은 인생이 하나님
의 인정을 받기 위해, 하나님 말씀으로 속사람이 변하는 자신의 푯대
를 정하자. 푯대를 향하여 열심히 정진하자.

고단한 인생살이에서 선한 싸움 다 싸우고, 달려갈 길 다 달리고,
의의 면류관을 받을 승리하는 삶의 경주가 되시길 기대한다.

하루를 시작하며

*

전 서울대 종교학과 배철현 교수의 글을 읽으며, 나도 하루를 시작한다.

"내게 인생은 하루다. 나는 새벽에 공부방에 놓인 조그만 방석에 앉아 눈을 감는다. 오늘 내가 해야 할 한 가지가 무엇인가 가만히 찾기 시작한다. 그것은 내게 의미가 있고 아름다움을 선사해야 한다. 나는 오늘을 내가 가고 싶은 삶의 궤적에 조준한다. 그래야 오늘이 의미가 있다. 내가 그 궤적 안에서 벗어나지 않고 온전히 몰입할 때, 그 날은 비로소 아름답다. 40분 가량 눈을 감고 조용히 관조한다. 138억 년 전 빅뱅의 순간을 떠올리기도 하고, 예수가 십자가에서 처형당한 순간도 기억해낸다. 혹은 소크라테스가 독배를 기꺼이 마시며 신념을 위해 순교한 결기도 생각한다. 암스트롱이 달에 첫발을 내디딘 순간을 상상하기도 한다. 그리고 나는 스스로에게 묻는다. 내가 오늘 당장 완수해야 할 유일한 한 가지는 무엇인가?"

참 간결하면서 함축적인 의미를 준다. 나도 배철현 교수가 던져 주는 메시지를 연상하면서 하루를 시작한다. 하루를 시작하며, 오늘도 나는 생각한다. 하루가 시작되는 아침, 호흡한다는 것은 살아있다는 것이다. 하루가 인생이다. 달려오고 달리고 달려가는 시간들이 파노라마처럼 지나간다. 인생의 의미는 각자가 다양하다. 의미가 있다는 것은 삶을 누릴 권한과 더불어 책임도 있다는 것이다.

성경을 읽으며, 묵상한다. 나에게 주시는 말씀 시편 150편 6절 "호흡이 있는 자마다 여호와를 찬양할지어다 할렐루야"를 떠올린다.

나는 기도한다. 어제를 돌아보고 반성하며, 오늘도 주시는 소명이 무엇인지를 깨닫고, 깨달음에 합당한 시간을 보내려고 다짐한다. 묵상하며 기도할 때는 정신이 맑아지며 평정을 갖는다. 공허한 적막에 잔잔한 파동이 일어난다. 잡념도 사라진다. 기도하면서 희망이 솟구친다. 삶의 용기가 분출하고, 새롭게 도전하고자 하는 동력도 생긴다. 회복의 기운도 싹이 튼다. 그러면서 하루의 일과를 시작한다.

그러나 삶의 터전에 한 걸음을 내딛으면 온갖 잡스럽고, 갈등과 분열을 일으키는 세속적인 언어와 행태들에 몸과 마음을 더럽힌다. 그러나 묵묵히 자신을 드러내지 않고, 아름다운 복수인 용서, 사랑으로 더럽혀진 세상을 깨끗하게 청소하고 회복시켜주는 이들을 통하여 다시 힘을 갖는다. 용기를 얻는다.

중국 천하를 처음으로 통일하고 권력을 손에 넣은 후 황제라 칭하며, 영원히 죽지 않고자 불로초를 얻고자 했던 진시황(기원전 259년~기원전 210년)도 단지 49세의 나이에 세상을 등졌다. 그토록 모든 것을 얻고 난 후의 삶의 애착도 삶의 애증도 신기루처럼 사라져 버린 것이다.

다시 성경을 묵상한다. 요한일서 2장 16절의 "이는 세상에 있는 모

든 것이 육신의 정욕(쾌락, pleasure)과 안목의 정욕과 이생의 자랑이
니 다 아버지께로부터 온 것이 아니요 세상으로부터 온 것이라."와
전도서 1장 2절 "전도자가 이르되 헛되고 헛되며 헛되고 헛되니 모든
것이 헛되도다."의 말씀을 묵상한다. 그리고 복음성가 '우물가의 여
인처럼'을 허밍(humming)하며 가사를 음미해 본다.

> 우물가의 여인처럼 난 구했네. 헛되고 헛된 것들을
> 그때 주님 하신 말씀 내 샘에 와 생수를 마셔라.
> 많고 많은 사람들이 찾았었네. 헛되고 헛된 것들을
> 그 안에 감추인 보배 세상 것과 난 비길 수 없네.
> 내 친구여 거기서 돌아오라. 내 주의 넓은 품으로
> 우리 주님 너를 반겨 그 넓은 품에 안아 주시리.
> 오 주님 채우소서 나의 잔을 높이 듭니다.
> 하늘 양식 내게 채워 주소서.
> 넘치도록 채워 주소서.

고로 생각하며 새 희망을 갖는다. 각자에게 주어진 생명이 소중하
기에 존재 목적도, 의미도 소중하다. 오늘도 일과를 시작하며 나에게
주어진 길을 묵묵히 가고자 한다.
　인생의 길에는 누군가의 어떤 섭리가 작동되고 있다는 것을 깨닫
는다. 하나님께서 내게 주신 은사로 소명의식을 갖고 성경 말씀을 통
해 하나님의 뜻을 헤아리며 내 길을 가고자 한다. 내 자유의지의 선
택이 어려워질 때 우리의 선을 위해 일하시는 하나님은 그 자유의지

가 가장 바람직하게 사용되도록 기다리시면서 인도해 주신다.

따라서 생명에 합당한 삶의 궤적을 남기는 것이 존재 의미이자 각자에게 주어진 소명(calling)이라는 것을.

바로 세워지는 삶

*

사람들은 특히 위급한 상황에 빠질 때에 서로 다른 상황을 연출한다. 똑같은 형편에 처해 있는데도 불구하고, 어떤 사람은 절망하며 자포자기한다. 또 다른 사람은 이를 악물고 극복하고자 의지를 불태운다.

인간에게는 외로움과 고독함이 있다. 절망감이 있을 때 특히 심하다. 이럴 때일수록 남에게 의지하려고 하는 의타심이 생기는데 평소보다는 다르게 일어난다. 지치고 힘들고 절망감에 빠져 있는 상황에서 특히 의지하고자 하는 사람으로부터 부정적인 말이나 무관심한 행동을 보았을 때 그 배신감은 이루 말할 수가 없다. 재차 언급하지만 '열 길 물속은 알아도 한 길 사람 속은 모른다'는 선인들의 속담이 그리 허투루 생겨나 전달되는 것은 아니다. 후세 사람들도 염두에 두라는 의미심장한 경귀이다. 그래서 '사람을 의지하지 말라'고 말하고 싶다. 고린도전서 2장 11절 "사람의 일을 사람의 속에 있는 영 외에는 누가 알리요."라는 말씀과 같이 인간은 연약하다. 이에 따라 수시로 감정의 기복이 있으며, 상황에 따라 크게 요동친다. 이 말은 사회 관계에 있어서 사람을 절대로 믿고 의지하지 말라는 뜻은 아니다. 필요에 따라 충분한 응답, 적절한 응답도 있겠고, 중간 정도의 응답도 있겠고, 그럭저럭한 응답, 마지못해 생색을 내는 응답, 핑계 대는 응답, 전혀 무관심한 응답, 반응조차 없는 응답 등 여러 가지의 응답도 있을 것이다. 따라서 기대감을 적게 가질 때 기대 이상의 응답을 받으면 고맙고 감사가 들겠지만, 기대 수준을 너무 높게 잡아 그 대가가 수준 이하이면 실망감이 따르기 마련이다. 그러면 어떻게 이런 상황을 이겨내고 절망감으로부터 벗어날 수 있는가?

종교에서 신앙심으로 극복하길 바란다. 데살로니가후서 2장 16절 ~17절 "우리 주 예수 그리스도와 우리를 사랑하시고 영원한 위로와 좋은 소망을 은혜로 주신 하나님 우리 아버지께서 너희 마음을 위로하시고 모든 선한 일과 말에 굳건하게 하시기를 원하노라." 우선 절망감으로부터 벗어나기 위해서는 활력을 얻어야 한다. 즉, 내적 에너지를 공급받아야만 한다. 내 안에 활동하시는 예수님은 나에게 말씀하시고 깨닫게 하신다. 나에게 힘을 주시고 활력의 에너지를 공급해 주신다. 빌립보서 2장 13절 말씀 "너희 안에서 행하시는 이는 하나님이시니 자기의 기쁘신 뜻을 위하여 너희에게 소원을 두고 행하게 하시나니"와 같이 일하시는 하나님의 능력을 받아야 한다. 그리고 하나님이 기뻐하실 소원을 가져야 한다. 나 자신의 소원이 먼저가 아니고, 하나님께서 기뻐하시는 소원이 무엇인지를 깨달으면 내 자신의 소원도 쉽사리 이루어질 수가 있다. 왜냐하면 우리를 향한 하나님이 기뻐하시는 소원에는 하나님의 힘과 능력이 있기 때문이다.

오늘날 우리가 아무리 열심히 살아도 무너지고 쓰러지는 경우가 있다. 왜 그럴까? 욥의 경우처럼 그 믿음에 대한 시험(test)이 아니라면, 그것은 나 자신을 기쁘게 하고자 하는 욕심에서 비롯된다. 자기 자랑을 하고 싶은 자연스런 욕구의 분출 때문이다. 하나님의 방법을 잊고 우리 죄의 본성대로 하고자 할 때 그러하다. 하나님께서는 우리로 '바로 세워지는 삶'을 반석으로 하여 열심히 살기를 원하신다. 나의 죄와 나를 높이 드러내고자 하는 교만이 하나님의 능력을 방해하고 있다. 고린도전서 10장 13절 "사람이 감당할 시험(temptation) 밖에는 너희에게 당한 것이 없나니 오직 하나님은 미쁘사 너희가 감당하지 못할 시험 당함을 허락하지 아니하시고 시험 당할 즈음에 또한 피할 길을 내사 너희로 능히 감당하게 하시느니라." 내게 주시는 하나님의 능력을 구하자. 빌립보서 4장 13절 "내게 능력 주시는 자 안에서 내가 모든 것을 할 수 있느니라." 우리를 통해 일하시는 하나님의 능력이 임하시면 어떤 상황에서도 감당할 수 있으니, 이는 새 힘을 얻는 하나님 은혜의 역사라고 말할 수 있다.

잠언 16장 20절 "말씀에 주의하는 자는 좋은 것을 얻나니 여호와를 의지하는 자는 복이 있느니라." 하나님을 붙잡고 의지하면서, 우리에게 주시는 하나님의 뜻이 무엇인지를 깨달아라. 그리고 우선순위로 행하라. 그리하면 무너지고 흐트러진 환경이 바로 세워 질 것이다. 그리하면 넘어지고 깨어진 상황이 바로 설 것이다. 좌절하고 위급한 형편에 활력이 넘치고 생동감이 충만해진다. 새로운 도약과 더불어 '바로 세워지는 삶'으로 회복되는 아멘(amen : 그렇게 되기를 소원하다, 믿습니다)의 역사를 기대한다.

흔 적

_궤적을 찾아서

*

핵탄두를 장착한 ICBM(대륙간 탄도 미사일)과 언제 어느 곳에서 불시에 목표를 타격할 수 있는 이동식 발사대의 위협은 엄청 크다. ICBM은 포물선의 궤적을 그리며 날아가기 때문에 흔적을 추적할 수가 있다. 마찬가지로 우리에게도 삶의 흔적이 남는다. 흔적을 발자취라고 말하기도 한다.

인생은 롤러코스터(roller coaster)라고도 한다. 오늘날 놀이동산에서 가장 인기 있는 놀이 기구들 가운데 하나인 롤러코스터는 16세기와 17세기 사이에 러시아에서 인기를 모았던 거대한 얼음 미끄럼 타기에서 유래되었다. 1959년 미국 디즈니랜드(disneyland)에서 강철로 된 일정한 레일 위를 달리도록 놀이기구를 만들어 첫 선을 보였다. 이 놀이 기구의 특징은 직선 궤도를 갈 뿐 아니라 높이차가 큰 곡선 궤도를 만들어 스릴이 있도록 했다. 곡선 구간을 올라갔다 내려올 때는 가속이 붙어 그 짜릿함과 전율은 무서움, 공포, 두려움과 동시에 한편으론 짜릿한 기분으로 스트레스를 풀고, 환호의 탄성을 내뿜는다. 인생도 이와 마찬가지다. 인생살이에는 완만한 직선뿐만 아니라 가파른 변곡(變曲)이 있다. 흔적은 지나온 자신의 발자취이다. 세월은 흔적을 남긴다. 의미가 있든 없든지 간에, 올바르고 그릇되든지 간에, 잘나고 못났던 간에 반드시 세월의 흔적을 남긴다. 흔적 없는 삶은 없다. 흔적을 남길 수 있다는 것은 즐겁다. 그러나 행복은 흔적의 양이 아니라 질이라고 생각한다. 양이 아무리 많다고 할지라도 질적으로 보편적 기준에서 볼 때 수준 이하가 돼서는 안된다.

예수의 흔적을 살펴보자. 30세에 시작된 3년간의 짧은 공생애는 세상을 확 바꾸는 역사의 흔적이었다. 기독교의 탄생을 가져왔다. 그의 가르침은 성경으로 기록되어 생명의 말씀이 되어 삶의 목적과 목표를 제시해 주었다. 구원과 부활과 영생의 소망을 증거해 주었다.

마태복음 9장 35절 말씀 "예수께서 모든 도시와 마을에 두루 다니사 그들의 회당에서 가르치시며 천국 복음을 전파하시며 모든 병과 모든 약한 것을 고치시니라."

하나님 말씀을 가르치시며(teaching), 천국 복음을 전파·선포하시며(announcing), 병든 자를 고치시는(healing) 공생애의 흔적을 남기셨다.

기독교에서는 예수 그리스도의 탄생과 공생애의 흔적을 찾아 이스라엘로 성지순례를 떠난다. 성경에 기록된 바 흔적을 찾아 경배와 예배를 드리면서 신앙심을 고취한다. 성탄절이 되면 찬송의 대상인 땅 베들레헴(예수의 탄생지), 예수께서 어린 시절을 보낸 나사렛을 비롯한 공생애의 흔적지 갈릴리, 예루살렘, 십자가의 길인 골고다 길―비아 돌로로사(via dolorosa, 예루살렘 구도시 안에 있고, 예수가 십자가를 지고 걸었던 일명 고난의 길―, 십자가에 못 박혀 처형을 당하셨던 골고다(golgotha) 언덕(갈보리 언덕), 예수께서 자주 기도하시던 겟세마네 동산 등 성지순례지에서 예수 그리스도의 흔적을 느끼며 예배, 기도, 찬송, 경배, 묵상을 한다. 골고다 언덕은 예루살렘 교외에 위치한 언덕이다. 현재 그 위치는 분명하지 않다. 골고다(히브리어)는 라틴어로 갈보리(calvary)라고 하며 해골을 뜻한다. 그 장소는 예로부터 공개 처형장이었다. 그 이름의 유래는 언덕의 지형이 두개골과 비슷하기 때문이라고도 하고 또는 근처에 묘지가 있었기 때문이라고도 한다. "예수의 십자가를 억지로 지워 가게 하였더라 골고다 즉 해골의 곳이라는 곳에 이르러"(마태복음 27장 32~33절)에 언급되는 지명이다.

고전을 인용해 본다. 논어 위정편에 나오는 말이다.

子曰 吾十有五而志于學 三十而立 四十而不惑

五十而知天命 六十而耳順 七十而從心所欲 不踰矩

이는 공자께서 말씀하시기를, "나는 나이 열다섯에 배움에 뜻을 두었고(吾十有五而志于學), 서른에 그 뜻이 확고하게 섰으며(三十而立), 마흔에는 어디에도 미혹되지 않았고(四十而不惑), 쉰에는 하늘의 명을 깨달아 알게 되었으며(五十而知天命), 예순에는 남의 말을 들으면 그 이치를 깨달아 곧바로 이해하게 되었고(六十而耳順), 일흔이 되어서는 무엇이든 하고 싶은 대로 하여도 법도에 어긋나지 않았다(七十而從心所欲 不踰矩)."

정리하자면 15살은 지학(志學), 20살은 이립(而立), 40살은 불혹

(不惑), 50살은 지천명(知天命), 60살은 이순(耳順), 70살은 종심(從心)이라고 하였다. 여기서 지천명(知天命)은 하늘의 명을 알았다는 뜻인데, 50세쯤 되어야 자기가 해나가야 할 일이 보인다는 뜻이다. 이미 지나간 고전이라고 하지만 우리에게 던지는 의미는 있다. 나이 대별로 뜻을 세우고 목표를 실천해 가면 나름대로 가치 있고 의미 있는 흔적을 남기게 될 것이다.

나름대로 흔적을 남기기 위해서는 어떻게 해야 할지를 생각하게 한다. '인간은 이름을 남기고 호랑이는 가죽을 남긴다'고도 했다. 우리는 육신의 존재이기에 죽으면 누구나 이름을 남긴다. 성경 속의 많은 인물들, 나라를 위해 목숨을 바친 순국선열·애국지사를 비롯해 인기 있던 연예인, 덕망 있는 종교인, 정치가, 의인(의로움을 행한 사람들), 여러 가지로 사회에 기여한 사람들을 기리며 지금도 그 흔적을 찾아간다. 이렇듯 이름을 떨친 인물은 아니더라도, 후세의 누군가가 흔적을 찾는, 하나님 뜻에 따라 살려고 했던 선한 삶의 족적을 남기는 것은 어떤지 생각해 본다. 더불어 믿음으로 말미암은 흔적도 하나님께서 기억하실 것이다.

누가복음 10장 20절 "너희 이름이 하늘에 기록된 것으로 기뻐하라 하시니라."

지혜로운 삶

_담대히 떠나라

*

박수 받을 때 떠나라. 칭찬 받을 때 떠나라. 여기에 하나를 덧붙이고 싶다. 그것은 '담대히 떠나라'이다. 인생을 살면서 우리는 더 많은 것을 가지려 한다. 왜냐하면 더 많이 가지고 있어야 든든하기 때문이다. 그래서 인생의 마지막 순간까지 더 많은 것을 움켜쥐려고 한다. 특히 돈이라 하는 물질에 집착한다. 돈이 자기를 책임져 준다고 생각한다. 돈이 있어야 행복하다고 생각한다. 내가 그것을 벌기 위해 얼마나 노력해 왔는데, 돈이 인생의 모든 것이라고 가치관을 다 건다. '내가 나를 위하지 않으면 누가 나를 위하겠어. 오직 믿을 건 돈밖에 없어'라며 자신에게 주어진 보화를 이 땅에 쌓아 두려고 한다. 물질이 인생의 모든 것일까? 정말 무엇이 우리를 위한 것일까? 우리는 이러한 질문에 답을 구해보자.

지혜로운 삶을 영위하는데 성경은 샘물과 같은 생수를 제공해 준다. 성경으로 그 답을 한번 구해보고자 한다. 마태복음 6장 19절에서 "너희를 위하여 보물을 땅에 쌓아 두지 말라."고 기록하였다. 예수는 우리에게 주신 보화(시간, 물질, 건강, 능력, 은사, 지식, 기회 등)

를 땅에 쌓아두지 말라고 말씀한다. 이 말씀은 세상의 가치관과 충돌하고 있다. 열심히 벌고 쌓고 축적하면서도 한편으로 선용(善用)하면 되지, 말도 안 되는 소리라고까지 할 수 있다. 그런데 성경이 말하기를 "네 보물 있는 그 곳에는 네 마음도 있느니라."(마태복음 6장 21절)라고 한다. 물질이 마음을 움직인다는 의미이다. 이 땅에 물질을 쌓아두는 이유는 지나친 욕심으로 채워진 마음 때문이다.

마음을 두는 두 곳이 있다. 세속에 마음을 두면 세속에 물들어 어리석게 된다. 하나님 나라에 마음을 두면 하나님 나라 확장과 함께 기쁨이 쌓인다. 하나님 나라는 하나님 말씀이 영향을 미치고 다스리는 곳에 있다. 그래서 성경은 디모데전서 6장 17절 "재물에 소망을 두지 말고 오직 우리에게 모든 것을 후히 주사 누리게 하시는 하나님께 두며", 로마서 14장 17절 "하나님의 나라는 먹는 것과 마시는 것이 아니요 오직 성령 안에서 의와 평강과 희락이라.", 누가복음 12장 31절 "오직 너희는 하나님의 나라를 구하라 그리하면 이런 것을 너희에게 더하시리라."와 같이 하나님 나라를 마음에 소망하면 물질 욕심을 벗어나서 하나님 나라를 볼 수 있을 것이다.

성경에서는 하나님은 모든 보화(보물)를 제공해 주시는 공급자이고, 우리는 관리하고 사용하는 청지기며 수요자라고 한다. 즉, 하나님께서 우리에게 맡겨주신 것을 관리하기 위해 청지기로 삼았고, 하나님의 목적을 이루기 위하여 우리에게 공급해 주셨다는 것이다. 그래서 재능으로 받았든, 땀·눈물·노력의 대가로 어렵게 모았든 보화는 하나님께서 나에게 위탁하신 것이다. 따라서 나에게 주었다고 해서 전적으로 나만을 위해 사용하는 것은 어리석은 행동이라고 하겠다. 비유를 들어보자. 누가복음 12장 19~20절에서 "내가 내 영혼에게 말하기를 쓸 물건을 많이 쌓아 두었으니 평안히 쉬고 먹고 마시고 즐거워하자." 그런데 하나님이 이르시길 "어리석은 자여 오늘 밤에 네 영혼을 도로 찾으리니 그러면 네 준비한 것이 누구의 것이 되겠느냐"라고 하신다. 어리석은 부자의 비유이다. 세상 사람들은 이 부자를 보면서 부러워하면서 대단하다고 칭송하는데 반해 하나님은 어리석은 자라고 책망하신다. 육신으로 보화를 관리할 수는 있지만 영혼을 불러들이는 죽음은 절대 다스리지도 못하고 관리할 수도 없다. 내 생명은 주인되신 하나님 손에 달려있고, 그 분의 주권이다. 자신만을 위해 재물을 쌓아 두고 누리는 것은 지혜로운 자가 아니라 어리석은 자라는 것이다. 어리석은 자가 되지 않기 위해서 하나님의 뜻을 헤아릴 필요가 있다. '말짱 도루묵(말짱 헛일)'이란 격언같이 공들여 노력한 것이 헛일이 돼서는 안 된다.

물질은 살아가는 데 아주 소중하다. 그러나 하나님보다 물질을 더 의지하면 안 된다. 내가 가진 물질이 내 삶을 보장하고 물질의 많고, 적음에 따라 삶의 질도 좌우된다고 여긴다. 많은 양의 물질을 받게 해달라는 기도도 요구한다. 이에 축복기도와 축사로 부응한다. 이것은 단지 세속적 기복 신앙에 불과할 뿐이다.

하나님께서 나에게 주신 보화를 어떻게 사용할 것인가?

우리는 열심을 다해, 최선을 다해 시간, 건강, 재능, 기회, 물질 등을 하나님 뜻을 구하며 지혜롭게 관리하고 돈도 벌어야 한다. 가능한 한 정직하게 열심히 벌어야 한다. 단, 여호와 하나님께서 지켜주셔야만 한다. 하나님께서 나를 도우셔야 내 인생이 굳건해진다. 시편 127

편 1절 말씀과 같이 "여호와께서 집을 세우지 아니하시면 세우는 자의 수고가 헛되며 여호와께서 성을 지키지 아니하시면 파수꾼의 깨어 있음이 헛되도다." 그리고 하나님을 의지하는 믿음으로 디모데전서 6장 18절 "선을 행하고 선한 사업을 많이 하고 나누어 주기를 좋아하며 너그러운 자가 되게 하라."는 말씀과 같이 선한 사업에 힘쓰고, 나누어 주고, 베푸는 삶을 살아야 한다.

우리들 인생은 한 번 뿐이고, 쏘는 화살과 같이 쏜살같이 지나간다. 성경은 분명히 말한다. 죽은 후 반드시 심판이 있다고. 하나님의 목적대로 지혜롭게 살다가 후회 없이, 부담 없이, 담대히 이 세상을 떠나는 아름다운 동행과 공존을 기대한다.

알곡과 쭉정이

우리가 자주 사용하는 '농자천하지대본야(農者天下之大本也)'란 뜻은 농사는 천하의 가장 큰 근본이 되는 중요한 일이라는 뜻이다. 우리 삶의 본능인 의식주에 필수이기 때문이다. 세상의 가치 기준이 변한다 해도 농사는 우리에게 먹거리를 가져다주기에 아주 중요하다. 농사는 아주 부지런해야 할 수 있다. 땀을 흘린 만큼 거두기 때문이다. 흔히들 농재(農災)란 농사를 짓는 사람이 농사에 부지런하지 않아 재앙을 만나는 것이라 했다. 농사의 주체인 농부가 씨를 뿌리고 날마다 땀과 정성을 쏟는 이유는 풍성한 열매를 맺기 위함이다. 풍성한 결실을 기대하기에 농부는 힘들더라도 쉬지 않고 열심히 일을 한다. 풍성한 수확을 하는 추수기가 오면 농부는 타작을 한다. 그런데 타작마당에는 알곡만 있는 것이 아니라 쭉정이도 엄연히 존재한다. 처음에는 똑같게 보였던 알곡과 쭉정이지만 추수 때가 되면 확연히 구별된다.

첫째, 쭉정이는 겉만 있고 속이 없다. 속빈 강정처럼 내용이 없으니 아무리 모양이 좋은들 무슨 소용이 있겠는가.

둘째, 쭉정이의 또 다른 특징은 생명이 없다는 것이다. 알곡은 다시 땅에 심으면 싹이 나고 잎이 나서 열매를 맺는다. 그러나 쭉정이는 다르다. 쭉정이는 싹이 나지 않는다. 왜냐하면 그 안에 생명이 없기 때문이다. "내가 네 행위를 아노니 네가 살았다 하는 이름은 가졌으나 죽은 자로다."(요한계시록 3장 1절)와 같이 "육신은 살아 있지만 영으로는 생명이 없는 자"와 같다고 성경은 말씀하신다. 즉, 쭉정이 같은 인생이다.

셋째, 쭉정이는 가볍다. 속에 아무런 내용물이 없기에 작게 이는 바람에도 쉽게 날아가 버린다. 가녀린 물살에도 힘없이 씻겨 내려간다. 떠내려가 버린다. 이처럼 작은 위기에도 절망하고, 세태에 휩쓸려 줏대도 없이 이리저리 흔들리고, 변덕이 죽 끓듯 한 사람이 바로 쭉정이 같은 사람이다.

넷째, 쭉정이는 아무런 도움이 안된다. 마태복음 3장 12절 "손에 키를 들고 자기의 타작마당을 정하게 하사 알곡은 모아 곳간에 들이고 쭉정이는 꺼지지 않는 불에 태우시리라."라고 말씀하신다. 알곡은 유용하여 효용 가치가 있지만, 쭉정이는 거추장스럽다. 아무 도움이 되지 못하여 내버리거나 태워 없앤다.

오늘을 사는 우리에게도 삶의 모양은 있으나 실속이 없지는 않는지. 아름다운 외형의 모습은 갖췄지만 속 내용은 알곡인지 쭉정이인지 한번 생각해 보자.

신앙을 갖는다면 이왕에 알곡 신앙을 갖자. 겉만 신경 쓰는 쭉정이가 아니라 생명을 잉태하는 알곡 신자가 되자. 생명으로 속이 꽉 찬 흔들리지 않는 알곡 신앙으로 오늘도 우리 곳간을 채워 보자.

후회 없는 인생을
위하여

*

우리는 가능한 한 후회 없는 인생을 살아야 한다. 하나님은 우리에게 인생이란 선물을 주시고, 축복을 주셨다. 인생은 유한(有限)하고 단 한 번뿐이므로 일생(一生)이라고도 한다. 하나님께서는 일생을 통해 목적과 계획을 주셨다. 만물에는 시작과 끝이 있듯이, 삶에도 시작과 끝이 있다. 결국 인간도 태어나서 죽는다. 어느 때인지는 아무도 모른다. 생사의 권세는 하나님의 주권이시기에, 우리는 그때를 전혀 모른다. 감사한 것은 우리가 죽음에 대비하도록 삶의 시간을 계수하는 능력을 가지게 했다. 시편 90편 12절 "우리에게 우리 날 계수함을 가르치사 지혜로운 마음을 얻게 하소서."라는 말씀과 같이 삶의 연수를 계수하도록 해주었다. 죽음을 대비하여 우리의 인생이 후회 없는 삶이 되어야 한다. 인생을 올바르고 온전히 살기 위해서는 '지혜로운 마음을 얻게 하소서'와 같이 지혜가 필요하다. 죽음을 앞두고 얼마나 많은 사람들이 후회하는가? 시한부 삶, 시한부 인생은 누구에게나 해당된다. 단지, 생존 기간이 다를 뿐이지. 이를 알기에 미리 후회 없는 삶이 되도록 대처해야 한다. 지혜는 우리로 하여금 후회 없는 삶을 살도록 인도한다. 삶의 지혜로 볼 때, 어떻게 하면 후회 없는 삶을 사는 것인가? 어떻게 살아야 인생을 바로 사는 것인가?

첫째, 열정적으로 살아야 한다. 가치 있고 의미 있게 살아야 한다. 열정이란 주어진 삶을 열심히 살아가는 것이다. 생존에 대한 열정만 있다면 못할 것이 없다. 살고자 하면 못 이룰 것이 없다. 하고자만 하면 방법이 보인다. 그러나 전적으로 우리의 힘으로, 능력으로, 의지만으로는 살아갈 수 없다. 하나님의 능력과 인도하심을 의지해라. 빌립보서 2장 13절 말씀 "너희 안에서 행하시는 이는 하나님이시니 자기의 기쁘신 뜻을 위하여 너희에게 소원을 두고 행하게 하시나니"를 생각해 보자. 이는 하나님이 우리의 힘과 능력과 에너지가 되어 주셔서 열정을 행하시게 하신다는 뜻이다. 하나님의 역사로 채워질 때 우리는 열정적으로 살아갈 수 있다. 우리가 지향하는 이 땅에서의 가치가 하나님이 기뻐하시는 뜻과 일치할 때 우리의 열정도 배가(倍加)된다. 우리의 삶이 열정적으로 살아감으로 후회 없는 삶이 되도록 해야 한다.

둘째, 온전히 사랑해야 한다. 여기서 온전히란 '네 마음과 뜻과 정성을 다해 전심전력으로'란 의미이다. 참 어려운 사랑이다. 말은 쉬워도 행함은 어렵다. 쉽고 단순하게 논리를 전개하고자 한다. 사랑하는 것은 중요하다. 그러나 중요한 것은 '사랑하는 방법'이고, '사랑하는 내용'이다. 세상의 사랑은 이기적이며, 이해타산적이다. 조건부적 사랑이 대부분이다. 사랑한다고 말하면서 누군가에게 상처주고, 상처받고, 다투면서 산다면 삶의 종착점에서 얼마나 후회하겠는가? 좋아보이는 것만 추구하고 사랑하는 '자기 사랑'에 머문다면 말이다.

하나님이 우리에게 주신 사랑인 아가페(거룩하고 절대적인 사랑)를 받아들이는 것이 필요하다. 하나님의 사랑을 증거할 수 있도록 서로(피차) 사랑하는 삶을 만들어 간다면 후회가 줄어들 것이다.

다음은 고린도전서 13장 '사랑'에 관한 성경 구절의 일부분이다(고린도전서 13장 4절~6절).

사랑은 언제나 오래 참고 사랑은 언제나 온유하며
사랑은 시기하지 않으며 자랑도 교만도 아니하며
사랑은 무례히 행치 않고 자기의 유익을 구하지 않고
사랑은 성내지 아니하며 악한 것을 생각하지 아니하며
불의를 기뻐하지 아니하며 진리와 함께 기뻐하고

셋째, 겸손히 배우면서 살아야 한다. 우리 인생이 내 뜻대로만 된다면 얼마나 즐겁고 행복할까? 그러나 인생은 만만치가 않다. 내 뜻대로만 되는 것이 아니다. 우리의 뜻과 의지를 내려놓고 하나님의 뜻이 이루어지도록 순종하며, 겸손하게 산다면, 역설적으로 하나님의 뜻이 내 뜻과 의지가 된다면 이루어 주신다. 내 뜻대로 마시고 하나님의 뜻대로 이루어지는 역사가 겸손으로 나타난다.

넷째, 담대히 떠나도록 준비해야 한다. 우리 모두는 시한부 인생을 살고 있다. 생명은 하나님의 주권이다. 우리가 언제 이 세상을 떠날지 아무도 모르지만, 시간의 흐름은 삶의 끝이 다가오고 있음을 가르쳐 준다. 하지만 많은 사람들이 죽음을 생각하지 않고 오로지 이 땅에서의 삶이 모두인 것처럼 살아간다. 남들은 죽어도 자기 자신은 영원히 사는 것처럼 착각한다. 시간의 흐름에도 나 자신에게는 시간이 멈춰 있다는 도취 속에서 살아간다. 어느 순간 죽음의 그림자가 엄습하면 미처 준비도 못하고 떠나는 사람들이 너무 많다. 얼마나 안타까운 일인가? 그렇기에 미리 준비하고 대처해야 한다. 죽음이 다가올 때 이 세상을 미련 없이 담대히 떠나는 인생이 얼마나 멋진 인생인가? 담대히 떠나는 인생이 되려면 나에게 주신 시간, 물질, 건강, 기회, 재능을 하나님의 목적대로 사용해야 한다. 그러려면 하나님이 우리로 이 땅에서 잠시 맡겨 놓으신 것들을 선용(善用)해야 한다. 이 땅에만 쌓아 놓고자 하는 어리석은 자가 되어서는 안된다.

지혜로운 사람은 온전한 삶을 경주한다. 미리 준비하고 덕을 쌓음으로 온전한 삶을 영위하는 지혜로운 자가 되자. 후회 없는 인생을 살아가며, 담대히 떠날 준비를 하자.

성탄을 생각하며

1차 세계 대전 중 영국해협에서 스위스 국경에 이르는 기나긴 전선에서 크리스마스 전날 밤에 있었던 일이었다. 치열한 전쟁 중 독일군 참호 바로 위에 크리스마스트리의 불빛이 만들어졌고, 그들은 '고요한 밤 거룩한 밤', '저들 밖에 한밤중에'를 부르자 영국군은 박수로 응답하고 이어 영어로 '참 반가운 성도여'를 불렀다. 이에 독일군도 박수로 응하며 라틴어로 받아 불렀다. 1시간 가량 계속된 평화의 노래는 평화의 분위기를 만들어 서로 참호에서 나와 크리스마스 축하 인사를 나누게 하였다. 서로 간에 팔짱을 끼고 사진을 찍고, 축구시합과 선물교환도 하고, 즉석 오케스트라도 연주되었다. 24시간 동안 국경 없는 휴전상태였으며, 좀 더 연장되기도 했다. 피비린내 나는 참혹한 전쟁터에 새들이 찾아와 지저귀며 평화의 노래에 화음을 넣은 듯 하였다. 이렇게 해서 참된 예수 그리스도의 오심은 곧 평화를 만들었고, 비록 전쟁터이지만 모든 이들에게 기쁨과 감사의 마음을 심어주게 되었던 것이다. 사람들의 마음속에 어떤 상황에서도 예수 그리스도를 영접하기만 하면 기적의 역사를 이루신다는 것을 깨달을 수 있었다.

예수는 어두움 가운데 비치는 빛으로 이 땅에 오셨다. 이 땅에 난무하는 폭력과 테러, 범죄, 고문, 억압, 착취, 독재, 전쟁, 불평등, 빈곤 등 뿌리 깊은 미움과 갈등과 분열과 다툼이 끊이지 않는 어두운 세상 속에 빛으로 오신 것이다. 어둠이 드리워진 인생에 예수가 찾아 오셔서 빛을 주사, 밝게 하시고 따뜻하게 하시고 평안하게 해 주셨다. 새 힘과 새 희망을 주셨다. 또한 예수는 깨어지고 상처뿐인 우리들에게 치료와 위안을 주셨다. 용서와 화해로 사랑의 빛을 주셨고 평화의 은총을 주셨다. 병들고 부자유한 사람들을 온전한 복음으로 고쳐주러 오신 예수 그리스도이시다. 예수 그리스도는 우리의 평화요 어두운 가운데 비치는 영원한 빛이시다.

매년 연말 우리는 한 해를 보내며 아쉽기도 하고 한편으로는 마음이 들뜬다. 거리에서 들려오는 캐롤송과 반짝이는 크리스마스트리를 장식한 전구의 아름다운 불빛이 밤의 어두움을 빛내고 있다. 백설 같은 흰 눈이 내리는 화이트 크리스마스는 동심을 자극한다. 성탄을 맘껏 기뻐하면서, 한편으로 성탄의 의미를 다시금 생각하였으면 한다.

"홀연히 허다한 천군이 그 천사와 함께 있어 하나님을 찬송하며 가로되 지극히 높은 곳에서는 하나님께 영광이요 땅에서는 기뻐하심을 입은 사람들 중에 평화로다."(누가복음 2장 13절~14절)

예수가 이 땅에 오신 진정한 의미를 새로이 새기는 은혜가 있길 바란다. 성탄의 기쁨을 함께 나누며, 빛으로 오신 주님(Lord)의 평화가 우리 자신과 가정 그리고 이웃과 사회에 넘쳐나기를 진정으로 바라 마지 않는다.

1,400그램(gram)의
미묘한 세상
_뇌의 무게

*

　만물의 영장인 인간의 뇌 무게는 약 1,400그램이다. 엄밀히 말하자면 남자가 1,400그램(gr) 정도이고, 여자가 1,250그램 정도이다. 뇌는 자라면서 크기도 커지고 무게도 더 나간다. 보통 갓난아이의 몸무게는 보통 3킬로그램(kg)이 조금 넘는데 뇌의 무게는 몸무게의 1/10이 넘는 370그램에서 400그램 정도이다. 태어난 지 6개월이 지나면 뇌의 무게는 두 배가 되고, 7~8살쯤 되면 거의 어른의 뇌만큼 무거워지다가 20살 무렵이면 완성된다. 남자의 뇌가 여자의 뇌보다 좀 더 무겁다. 몸무게 가운데 뇌가 차지하는 비율은 여자가 2.2퍼센트(%)이고, 남자가 2퍼센트 정도이다. 참고로 20세기 최고의 천재 과학자인 아인슈타인의 뇌의 무게는 1,230그램으로 일반인보다 가벼웠다. 이렇게 적은 비율을 차지하는 뇌는 인체의 가장 중요한 부위이다. 물론 다른 신체 기관도 중요하지만.

　예전에는 인간의 죽음을 심정지로 인해 심장 박동이 멈추는 것으로 판정했지만 의학의 발달은 뇌 활동의 정지인 뇌파가 멈추는 것으로 최종 판정한다. 그래서 뇌파가 살아 있고, 심장도 살아 있어 피의 순환이 되는 동안 장기 이식을 한다. 죽음 혹은 사망(死亡, 영어 용어 : death, 의학 용어 : expire)은 생명체의 삶이 끝나는 것을 말한다. 죽음은 살아있는 유기체를 유지하는 모든 생물학적 기능의 중지이다. 또한 식물인간이란 말이 자주 등장한다. 뇌사상태와 식물인간은 전혀 다른 상태이다. 식물인간은 뇌사와는 달리 뇌의 일부가 살아있어 영양만 공급된다면 자력으로 계속 살 수 있고, 희박하나마 회복의 가능성도 열려 있다. 이에 반해 뇌사는 비가역적으로 뇌세포가 죽은 상태이기 때문에 회복도 전혀 기대할 수 없다. 즉, 소생이 없다. 이 때문에 의학적으로 뇌사는 심폐사와 똑같은 죽음으로 판정한다.

인간의 역사는 노화에 의한 자연사뿐만 아니라 질병과의 싸움의 역사라고 해도 과언이 아니다. 질병으로 인해 사람은 주어진 수명을 제대로 못살고 요절한다. 끊임없는 질병과의 질긴 사투는 엄청난 의학 발전을 이루어 나갔다. 인체 해부학의 역사는 오래 전에 시작되었다. 의학의 아버지라고 불리는 히포크라테스(Hippocrates, 기원전 460~ 370년) 시대에 신경계통의 구조에 대한 해부학적 기록들을 찾아볼 수 있다. 기원전 400년경에 쓰인 것이라고 추정되는 '신성한 질병에 대하여(On the Sacred Disease)'에서도 사람 뇌의 구조에 대해 언급되어 있다. 문예부흥기로 일컬어지는 르네상스 시대 벨기에 사람인 베살리우스는 이탈리아 파도바 대학에서 1537년부터 외과학과 해부학 교수로 재직하면서 해부학 교육을 할 때, 직접 사람을 해부하고 보여주면서 강의하였다. 그가 1543년에 '사람 몸구조에 관하여(파브리카)'를 출판한 이후부터 근대 해부학의 역사는 시작되었다. 해부학의 진화로 인체의 신비가 드러나고 샅샅이 밝혀지면서 질병에 대응하는 맞춤형 치료약이 나왔고, 적합한 수술기법도 개발되어졌다.

우리의 평균수명은 1989년 남자 67.0세, 여자 75.3세에서 2015년 에는 남자 79.0세, 여자 85.2세로, 2017년에는 남자 79.7세, 여자 85.7 세로 크게 늘었다. 중세시대 평균 수명은 단지 35~40세 정도였다. 의학기술의 획기적인 발달로 수명은 계속 늘어날 것이다. 그런 가운 데 뇌는 아직도 미지의 세계이다. 뇌의 정보를 완전히 파악하고자 하 는 인간의 도전은 계속된다.

뇌의 대표적 질병인 치매, 루게릭병, 파킨슨병 등 뇌질환과 정신질 환은 아직도 정확한 원인을 몰라 근원적인 치료를 제대로 못하고 있 다. 증세를 정체시킬지언정 완치가 어렵다. 우리 인간의 뇌 신경세포 는 약 1,000억 개이다. 이런 뇌 신경세포가 서로 촘촘히 연결되어 각 신호전달을 통하여 인체를 작동시키는 네트워크 작용을 한다. 신경 계의 기본 단위인 신경세포를 뉴런(neuron)이라 부른다. 다시 말해 뇌의 구조와 역할은 신경세포의 구조와 역할과 직결된다. 머리에서 발끝까지 온몸을 지배하는 신경세포에 대한 비밀을 파악한다면 노화 도 방지하며, 질병으로부터 치료와 예방이 가능하다. 인체의 신비를 말하자면 뇌의 신비이다. 인간이라는 해부 대상이 있음에도 뇌의 정 복은 아직도 미지의 세계로 남아 있다. 뇌는 수없이 많은 연구와 실 험, 해부가 있었지만 아직도 인간에게 완전히 정복되지 않는 마이크 로(micro) 세계이다.

요새 수없이 언급되는 4차 산업혁명의 핵심인 인공지능(AI)의 원 리도 인간의 뇌 신경세포와 같은 알고리즘을 갖는 것이다. 그만큼 뇌 는 중요하고도 그 세계는 미묘하고 신비롭다. 하나님이 창조하신 인체의 메커니즘이 얼마나 정교하고도 경외로운지 감탄이 저절로 나온다. 불과 1,400그램에 지나지 않는 미세한(micro) 뇌가 지금처럼 엄청난 문명과 문화를 꽃 피웠다는 데 경외심이 든다. 뇌가 인간의 사고를 지배하여 이성과 감정의 판단을 내린다. 선과 악의 판단이다. 올바름과 그릇됨의 판단이다. 도덕과 가치관의 판단이다. 뇌는 육신세계는 물론 정신세계를 지배한다.

삶의 가치에 대한 기준점과 평가는 오직 하나님 말씀을 근간으로 하는 우리의 양심이다. 뇌가 양심을 잘 다스리고 관리하여 보다 맑고 밝은 미래의 장을 연다면 얼마나 행복하고 좋을까?

찬송가 '주 하나님 지으신 모든 세계'의 가사 내용을 생각해 본다.

주 하나님 지으신 모든 세계 내 마음속에 그리어 볼 때
하늘의 별 울려 퍼지는 뇌성
주님의 권능 우주에 찼네.
주님의 높고 위대하심을 내 영혼이 찬양하네.
주님의 높고 위대하심을 내 영혼이 찬양하네.

자본주의가
고장났다
_경고음

*

인간의 역사가 시작된 이후 수많은 체제(regime)가 반복되었다. 가장 바라고 이상적인 체제는 인간에게 혜택을 주는 체제이다. 현재로는 가장 이상적이라고 여기는 체제가 자본주의(capitalism, 資本主義)이다. 전 세계 대부분의 국가가 이를 채택하고 있다. 자본주의는 이윤의 획득을 가장 큰 목적으로 하고 있는 자유로운 경제활동을 보장한다. 유럽의 경우 그리스, 로마 시대부터 시장교역이 상당히 발달해 있었으며 활발한 상업활동에 따르는 상품생산과 은행업, 해운업 등이 자본주의 활동의 대상이 되었다. 그리고 루터의 종교 개혁과 더불어 근대적 자본주의가 태동했다.

그런데 최근에 '자본주의가 고장났다'는 평가가 경제학자들은 물론 많은 사람들에게서 잇따라 나오고 있다. 자본주의에 대한 빨간 경고음이 울리고 있다. 부작용으로 인해서다. 자본주의의 대중적인 기반은 예전보다 상당히 약해졌다. 미국을 비롯한 여러 나라에서 사회주의에 대한 호감도가 계속 높아지고 있다. 경제학자 사이에서도 원론적인 경제 원칙만 되뇌이며 대중을 꾸짖는 방식으로는 문제를 해결할 수 없다는 의견이 늘고 있다. 지금껏 세계의 성장을 이끌어온 자본주의에 고장난 곳이 있는지 살펴볼 필요가 있다는 것이다. 자본주의는 필요하지만 고장난 곳을 고칠 필요가 있다. 개선의 여지가 충분히 있다.

최근 정보통신기술을 비롯한 4차 산업혁명의 기술발전으로 등장한 슈퍼스타 기업들과 주주이익을 우선하는 기업 정책도 대중의 소외와 부의 쏠림을 가속화했다. 자본주의가 필연적으로 요구하게 되는 능력주의의 부작용도 나타났다. 돈을 많이 받는 일자리를 구하려면 더 많은 능력을 갖춰야 한다. 노동시장에 진입하기 전에 좋은 교육 등의 지원이 있어야 한다는 의미다. 대도시의 고소득 가정에서 태어난 아이에 비해 지방의 저소득 가정에서 자란 아이는 혜택 받은 교육의 질 때문에 고소득 일자리를 구할 가능성이 훨씬 줄어든다. 기회의 평등이 체감되기 어렵다는 얘기다. 그리고 부가 고등교육의 기회를 보장하기에 기회의 평등은 소위 바랄 수 없는 언감생심(焉敢生心)이라고 말할 수 있다.

기술발전과 능력주의로 양극화는 심화되었다. 평범한 사람들은 부의 축적 과정서 소외되었다. 속 시원한 해결책을 내놓지 못한다면 '부익부, 빈익빈' 현상은 더 골이 깊어질 것이다. 부가 평등의 기회를 무너뜨리고 깨뜨리며, 부의 세습도 몇 세대에 걸쳐 이뤄진다. 고장난 것을 알면 당연히 고쳐야 하는데, 그렇지 못하다. 왜냐하면 그들만의 리그(league)를 만드는 세상이기 때문이다. 세상과 사회가 기득권의 유기적 관계에 의해 그들의, 그들에 의한, 그들을 위한 리그로 전락했기 때문이다. 자본주의 혜택이 소수의 부류에 돌아가는 쏠림 현상은 자본주의에서 나타나는 전형적인 부작용이다. 그런데 이러한 부작용에도 문제 해결이 쉽지 않은 이유는 치열한 성과주의, 도시화, 고등교육, 능력주의, 글로벌 경쟁, 주주이익 강조와 같은 것들이 모두 현재 자본주의의 핵심요소로서 어느 하나도 포기하기 쉽지 않다는 데 있다.

분명한 것은 기회의 평등과 부의 적절한 배분에 대한 불만이 계속 커지고 있다는 것이다. '이번 인생은 망했어요'라는 자포자기적 좌절감과 '금수저, 흙수저'라는 태생적 운명과 환경이 인생을 좌지우지한다는 인식이 젊은 층에서 계속 확산된다면 자본주의 자체는 향후 큰 위태로움에 직면할 것이다.

루터의 종교개혁, 또 그 영향을 받은 캘빈의 종교개혁에 의해 '자본주의 정신'이 확장되어 왔다. 그러나 그 순기능이 왜곡되고 변질되어 인간의 탐욕과 비도덕성이 자본을 움직이는 부작용으로 인해 시름을 앓고 있다. 정직, 신의, 근면, 성실, 절제, 절약 등을 포함한 본래의 자본주의 정신에 더하여 오늘날 경제 · 사회적 상황에서 하나님이 뜻하시는 진리를 찾아 실천해 가야 할 것이다.

돈 · 재물

*

금, 은, 보석, 돈을 비롯한 경제적 가치를 창출하는 물건을 우리는 총칭하여 재물, 재화라고 한다. 재물의 대표적인 것이 바로 '돈'이다. 돈은 물물교환의 중심축이 되는 수단이다. 사람이 돈을 만들었지만 돈의 노예가 되어 돈 때문에 별짓도 하는 세상이다. 자본주의도 자유와 민주는 보장하지만 자본이 인간을 지배하고 통제하는 인간이 만든 체제이다. 우리는 그 프레임에 갇혀 살아간다. 돈이면 다 된다는 물질만능 주의에 사로잡혀 살고 있다. 돈은 자본을 형성함으로써 자본주의 근간을 받치고 있는 거대한 힘이 되었다. 이 거대한 힘을 가진 돈의 어원을 한번 생각해 보자.

원래 머니(money, 돈)라는 단어는 로마신화의 여신인 주노(Juno)의 별칭 'Moneta'에서 유래되었다고 하는데, 로마인들이 그녀의 신전에서 주화를 제조하였기 때문이라고 한다.

'돈'은 오랜 옛날부터 사용하였다. 돈은 물물교환이 빈번해지면서 생겨났다. 우리나라에서 가장 최초의 돈은 기원전 4천년 말에 나온 신석기시대 '돌돈'으로 보인다. 그래서 '돈'이란 말은 유래도 '돌'과

관련되어 있는 것이다. 우리말에 '한 돈, 한 냥'에서와 같이 금·은의 무게 단위로 쓰이는 '돈'이란 말이 있는데, 이것도 금전의 '돈'에서 갈라져 나온 말이다. 우리나라 여러 지역에서 발굴된 청동기시대 유적들 가운데는 여러 가지 형태의 '돌돈' 유물들도 있는데 그것은 일찍부터 돈이 사용되었음을 보여준다.

일본말에서는 돈을 '가네(かね, 金)'라고 하고 중국말에서는 '첸(錢)'이라고 하여 '쇠'와 관련하여 쓰고도 있다. 가장 오랜 연도가 새겨진 쇠돈은 고대 그리스의 돈이고, 종이돈으로서 가장 오랜 돈은 AD 910년에 만들어진 중국돈이라고 한다.

프랑스 신학자, 종교개혁가인 캘빈(1509~1564년, 프랑스어로 칼뱅)은 시장경제를 중시한 경제사상을 통해 자본주의 태동에 큰 영향을 끼쳤다. 마찬가지로 우리가 살아가는데 필요한 돈을 향한 선택, 경제개념은 인생을 바꾸기도 한다.

첫째가 선용(善用)이다. 돈을 선하게 사용하는 것이다.

미국의 석유왕으로 유명한 사업가 록펠러(1839~1937년)도 생전에 돈을 벌기 위하여 불법, 편법 등의 수단방법을 다해 수많은 사람들에게 상처를 주었지만, 선용을 하여 사후에도 역사에 기억되고 있다. 그런데 아이러니한 것이 종말적 선용이라는 것이다. 그는 돈을 벌기 위해서는 수단 방법을 가리지 않았던 무자비한 자본주의 전형적인 인물이었다. 배금주의 표상이라고 해도 과언이 아닐 것이다. 록펠러 선행의 이면에 감추어진 추악한 삶은 오점이었지만 인생 후반에 뒤바뀐 삶은 그나마 다행이었다. 그러나 수단이나 과정이 목적을 정당화시킬 수는 없다. 그가 걸어 온 삶이 시종일관 선행의 위대한 인물로 미화되고 대변될 수도 없다. '그도 인간이었기에'라는 명분으로 과오를 저지를 수 있다고 그냥 넘어가기에는 그 과정의 얼룩이 너무 심하다는 것이다. 인간은 망각의 생명체이다. 과정이 좋지 않았다 하더라도 결과만 좋으면 과정은 잊고 결과로 모든 것을 판단해 버리는 관성이 있다. 종말론적 결과만을 판단하는 것이다. 그러나 평가는 사실적이어야 하고, 객관적이며 진실만을 기록해야 진정한 평가가 된다.

미국 펜실베이니아 주 피츠버그 시에 있는 명문 사립대학교 카네기 멜론의 설립자인 철강왕 카네기(1835~1919년)도 위와 같은 사례이다.

우리나라에서 유한양행을 설립하여 깨끗한 투명 경영을 통해 이룬 부를 사회에 환원한 이가 있다. 그는 유한대학교를 설립하는 등 육영사업에도 힘썼다. 유산도 사회에 환원하여 사회 기부에 사용토록 하였다. 기업인 유일한(1895~1971년) 석 자는 계속해서 후대에 남아 기억되고 있다.

이 분들 외에도 돈을 열심히 벌어 선용하는 많은 사람들이 있다. 더불어 사는 세상을 만드는데 묵묵히 자신을 드러내지 않고 이웃·사회·국가·온 세계에 기여를 했던, 하고 있는 그리고 할 예정인 사람들도 많다. 그 분들에게 경의를 표하고자 한다. 성경은 말씀하신다. 마태복음 6장 3절 "너는 구제할 때에 오른손이 하는 것을 왼손이 모르게 하여"라고 우리에게 말하고 있다. 마태복음 6장 4절 "네 구제함을 은밀하게 하라 은밀한 중에 보시는 너의 아버지께서 갚으시리라." 더러는 자기의 구제를 내세워 선을 표하고, 의를 자랑하고, 공명심을 얻고자 하는 사람들도 있다. 마태복음 6장 1절 "사람에게 보이려고 그들 앞에서 너희 의를 행하지 않도록 주의하라."는 말씀을 새겨 본다.

둘째는 악용(惡用)이다. 나쁘게 사용하는 것이다. 사회를 깨뜨리고, 파괴하고, 사람에게도 악한 영향을 끼치는 데 사용되는 것이다.

셋째는 방관이다. 무관심이다. 그저 나만을 생각하고 남에 대한 배려도 없고, 사회에 기여도 안 한다. 후세는 수전노, 돈독이 올랐다, 돈밖에 모른다는 등 비하하고 폄하하게 된다.

세상을 살아가는 데 돈은 반드시 필요하다. 필요한 만큼만 가지면 된다고 일반 사람들은 말하지만, 어느 정도 가져야 하는지, 어느 정도가 적당한지를 말하기는 쉽지 않다. 과거 궁핍했던 환경이나 쓰라린 경험에 대한 기억이 언제나 최악의 경우를 연상케 하고 결핍과 욕구에 얽매이게 한다. 아무리 먹어도 허기를 느끼는 짐승처럼 대부분 우리는 돈을 아무리 모아도 만족할 줄 모른다. 다다익선(多多益善)처럼 많을수록 좋다는 것이 일반적인 생각일 것이다. 법정 스님은 무소유에 대한 개념을 "아무 것도 갖지 않는 것이 아니라 필요한 만큼만 갖는 것"이라고 했다. 그러나 정작 그 필요한 만큼이 얼마인지를 정확한 수치로 계량을 할 수가 없다는 것이다. 기준이 모호한 애매한 말일 뿐이다. 왜냐하면 사람마다 욕구와 욕망의 그릇이 달라서, 내게는 이만큼이 꼭 필요하고 적당하다고 믿으면 그만이기 때문이다. '꼭 필요한 만큼', '갖고 싶은 만큼', '적당한 만큼'은 각기 분량이 다르다.

과학기술이나 사회과학에는 최적화 이론(optimization theory)이 있다. 가장 좋은 조건으로 개발과 의사결정을 하는 것이다. 의사결정을 할 때 수학적 모형, 통계, 알고리즘을 사용하여 무엇인가를 하기 위한 가장 효율적인 방법을 결정하기 위해 설계된 이론이다. 이런 최적화 이론은 수치화되고 정량화된 데이터가 정확해야만 최적의 결과를 산출할 수가 있다. 반면에 인간의 욕심과 욕망은 한없이 팽창되고 끝이 없기에 최적화가 불가능하다. 원하고 만족하는 최적조건이 '필요한 정도(만큼)'를 충족시켜 줄 것인지를 알 수 없다. 남의 떡이 더 커 보이는 것처럼 남들보다 더 추구하고자 하는 욕망은 인간의 본능이다. 욕망은 본능이기에 끝이 없다. 휴화산처럼 내적 깊은 곳에서 꿈틀거리면서 어느 순간에는 이성(理性)의 벽을 뚫고 나와 활화산처럼 분출한다. 인간의 본능적 욕구인 의식주에 있어 비교 판단이 먼저 적용되어져 절대적 빈곤, 상대적 빈곤, 부의 열등감, 가치 비교 등 자의식에서 비교하여 판단하는 모호한 잠재의식이 자리 잡고 있기에 계량화는 어렵다.

결핍은 욕구를 일으키고, 욕구는 욕망을 만든다. 이런 욕망을 스스로 억제하지 못한다면 스스로에게 고통이 싹튼다. 사막화로 인하여 초원에 풀이 없어지듯이 마음에도 피폐가 시작된다. 우리는 지금 황금만능 사회에 살고 있다. 돈의 노예가 되지 않고, 돈을 초월하여 잘사는 길은 결코 쉬운 일이 아니다. 고려 최영 장군의 아버지가 하신 "황금보기를 돌같이 하라"는 말은 허공 속에 묻혀 버린 지 오래다.

그러나 분명한 사실은 있다. 돈이나 재물의 많고 적음이 삶의 질을 좌우하는 것은 아니다. 행복은 안분지족(安分知足)의 마음에서 생겨난다. 편한 마음으로 자기 분수를 지키며 만족할 줄 아는 삶이야말로 행복의 공식을 형성한다.

마태복음 5장 3절 "심령이 가난한 자는 복이 있나니 천국이 그들의 것임이요."란 말씀에서 기록하였듯이 진리에 접근하고 천국에 가려면 거추장스러운 욕망의 짐부터 내려놓아야 한다.

성경 베드로전서 4장 10절은 "각각 은사를 받은 대로 하나님의 여러 가지 은혜를 맡은 선한 청지기같이 서로 봉사하라."고 말씀하신다.

여기서 청지기란 남의 것을 대신 맡아 지키고 관리하는 사람을 말한다. 요새말로 사무장, 집사라고도 할 수 있다. 영어로는 여러 뜻이 있지만 스튜어드(steward)가 대표적으로 쓰인다. 어원은 돈의 가치가 있는 돼지(stig)와 지키는 사람(weard)의 합성어이다. 엄밀히 말하자면 돼지우리를 지키는 사람이다. 성경에서는 여러 곳에서 청지기가 언급되는데 돈, 재물, 재산 등을 맡아 관리하는 사람으로 사용되고 있다. 주인되시는 하나님께서 우리에게 이생에서 잠시 동안 돈, 재물, 재산 관리의 청지기 직무를 주셨기에 충실하고 충성된 청지기가 되어야 한다. 돈을 버는 것도 중요하다. 그렇지만 돈을 가치 있게 사용해야 한다. 여기에는 높은 도덕성이 요구된다.

요한계시록 20장 12절 말씀과 같이 저생에서는 "책이 펴졌으니 곧 생명책이라 죽은 자들이 자기 행위를 따라 책들에 기록된 대로 심판을 받으니"라고 기록하고 있다. 생명책에 기록된 대로 믿음의 행위에 따라 상급(賞給, 보상)을 받는다. 역대하 15장 7절에서도 "너희 행위에는 상급이 있음이라."라고 언급하고 있다. 가진 것에 감사할 줄 아는 겸양이 생겨난다. 아무리 돈과 재물이 많아도 쓸 수 있는 시간은 정해져 있다. 소중하게 사용하는 지혜가 있는 행위가 필요하다.

분노의 시대,
화를 잘 다스려야
합니다

*

삶은 희로애락의 여정이라고 했다. 분노의 시대에 사는 우리들은 사소한 일에도 화를 잘 낸다. 그럴수록 화를 잘 다스려야 한다. 화를 내는 이유로는 의견 차이로, 하는 일들이 잘 안되어, 억울해서, 그냥 짜증이 나서 등등 아주 많은 경우들이 있다. 이 경우들을 우리는 일상에서 직·간접으로 빈번히 경험하거나 목격한다.

최근 국제전기전자공학회(IEEE)에서 발표한 '감성적 표현 컴퓨팅 처리' 연구에 의하면 인간은 이론상 16,384개(2의 14제곱)의 얼굴 표현 방식을 갖는다고 한다. 인간의 인지능력에 의해 보고, 듣고, 느끼고, 깨닫게 됨으로 얼굴의 표정을 파악하고, 표정을 일으키는 감정을 해석하기 때문이다. 인간의 기본적인 감정을 행복, 슬픔, 혐오, 놀람, 분노, 공포 등 6개로 설정해 연구한 내용이다.

대부분의 표정은 고유한 감정을 미묘하게 드러낸다. 분명한 건 전 세계 약 77억 명의 사람들에게도 문화, 지역, 언어, 생활, 지식 등을 초월하여 미묘한 감정과 얼굴 표정들이 천차만별로 존재한다는 것이다. 아무리 감정을 감추려 해도 표정은 어떤 식으로든지 드러난다.

분노의 아이콘(icon)이라 할 수 있는 도널드 트럼프 미국 제45대 대통령이 격정적으로 분노하는 모습에서 그의 감정을 읽을 수가 있다.

마음의 불인 화는 이성을 다스리지 못하고 감정에 전도되어 감정이 격해진 탓이다. 화는 마음을 다스리지 못해서 생긴다. 내면에서 분출하는 화를 다스리지 못해 분노가 치밀어서 입으로 토해되는 독설은 분노의 표출이다. 화를 그대로 두고 끙끙 앓으면서 방치하면 나중에 화병이 된다. 마음을 병들게 하고 육신까지도 망가뜨리기도 한다. 분노에는 두 가지 종류가 있다.

첫째는 의로운 분노이다. 건강한 분노라고 할 수 있다. 의로 바로 세우기 위해 의를 행하는 선한 분노이다. 우리의 죄로 인한 하나님의 의로운 분노는 우리를 죄에서 구원하시는 사랑의 은혜를 주셨고 죄를 멀리하여 살도록 인도해 주신다. 의로운 분노는 선으로 악을 이길 수 있는 행함도 중요하다.

둘째는 죄로 인한 분노이다. 잘못된 욕구로 인한 분노로 남에게 상처를 주는 분노이다. 아주 자극적인 분노이다.

일상에서 일어나는 화는 감정의 기복으로 인해 생기는 자연스러운 현상이다. 잠재하고 있는 불평, 불만족의 해소이다. 화가 감정의 기복으로 인한 자연스런 현상이라고 하지만, 반복적인 행태로 습관이 되어서는 안된다. 고질적인 병폐가 된다. 그리고 돌이키기 힘든 어리석은 일을 저지른다.

잠언 14장 17절 "노하기를 속히 하는 자는 어리석은 일을 행하고"

마태복음 5장 22절 "너희에게 이르노니 형제에게 노하는 자마다 심판을 받게 되고"라고 말씀하신다.

화를 방치해서는 안 되고 현명하고 건강하게 다스리며 건강한 표출로 삭여야 한다. 초기에 화의 모닥불을 꺼야 한다. 이것은 마음의 제어이다. 마음을 다스리는 절제(self-control)이다. 종교의 가르침은 우리에게 화를 중화시켜 희석하는 화학작용을 한다. 기도, 묵상, 묵언수행 등을 통하여 평정심을 찾고, 평안과 안식을 얻어 평강해야만 한다.

성경 갈라디아서 5장 22~23절 "오직 성령의 열매는 사랑과 희락과 화평과 오래 참음과 자비와 양선과 충성과", "온유와 절제니 이 같은 것을 금지할 법이 없느니라."에서 말씀하고 있듯이, 절제를 훈련해야만 한다. 성령의 열매를 맺는 삶이 되어야 한다.

성경 에베소서 4장 26절 "분을 내어도 죄를 짓지 말며 해가 지도록 분을 품지 말고"라고 기록하고 있다. 화는 사탄의 계교이다. 에베소서 5장 16절 "세월을 아끼라 때가 악하니라."에서 경고하듯이, 우리를 미혹시키는 사탄의 계교가 드러나는 분노의 시대를 접하고 살고 있다. 진정한 신앙생활은 머리로만 하는 것이 아니라 우리 삶의 현장인 생활 속에서 실천해 나가는 것이다. 우리에게 주시는 하나님의 음성인 말씀을 상고하며, 삶의 지표가 되었으면 한다.

야고보서 1장 19~20, 22절 "내 사랑하는 형제들아 너희가 알지니 사람마다 듣기는 속히 하고 말하기는 더디 하며 성내기도 더디 하라.", "사람이 성내는 것이 하나님의 의를 이루지 못함이라.", "너희는 말씀을 행하는 자가 되고, 듣기만 하여 자신을 속이는 자가 되지 말라."

행복은 기쁨, 즐거움, 환호, 만족, 배려 등 다양한 형태로도 표출될 수 있다. 신앙 생활을 하다보면 기쁨이 따르곤 한다. 낙담이나 화를 잘 다스려 평안을 찾을 때 감사 기도가 나오고 기쁨도 된다. 성경에는 '기쁨'이란 감정 표현이 많이 나온다. 말씀으로 화를 잘 다스려 참 기쁨을 누리기를 바란다.

인간의 즐거운 감정과 밀접한 엔도르핀(endorphin) 단백질이 샘솟아져, 행복 바이러스가 내 자아에서 다른 자아로 전파·확산되어 나, 너, 우리, 가족, 이웃, 사회, 나라, 세계라는 공동체에 가득하고 충만되는 미래를 기대해 본다.

믿음의 힘

*

힘을 말하면 '강하다'라는 느낌을 준다. 일반적으로 힘에 대해 얘기할 때 몇 가지 꼽는 것이 있다. 우선, 경제력이다. 돈이 있어야 한다는 말이다. 자본주의 시대를 사는 우리에게 사실 돈의 위력은 대단하다를 넘어 굉장하다. 사는데 돈이 필요하며 부가 힘의 상징이 되었다. 개인이든 단체든 나라든 돈이 곧 힘이 된 세상이다.

다음으론, 지식이다. 영국의 철학자 베이컨(Bacon, 1561~1626년)은 "아는 것이 힘이다."라고 말했다. 현대는 4차 산업혁명 시대이다. 첨단 기술 발전과 변화가 일어나고 정보화, 인공지능 시대이다.

아는 자가 모르는 자를 다스린다. 알지 못하면 세태를 헤쳐 나가기 어려운 세상이다. 급격한 시대 변화로 기존에 있던 많은 것들이 사라졌다. 반면에 새로운 많은 것들이 생겨났다. 아날로그(analog)에서 디지털(digital) 시대로 바뀌었다. 이런 세상 변화에 신속히 적응하려면 무조건 알아야만 한다. 알지 못하면 시대에 뒤떨어진 아날로그 존재로 남는다. 일상의 삶이 불편하다. 불편으로 인해 속앓이도 하게 된다. 디지털 시대에는 모르면 살아가기가 어렵다. 디지털 시대에서 아날로그의 빛이 발휘되려면 역시 아는 힘이 필요하다.

그리고 건강이다. 건강은 돈으로 살 수가 없다. 건강은 자기가 알아서 지키고 관리하고 유지해야 한다. 건강할 때 건강을 유지하는 것은 그래도 쉽다. 하지만 한번 건강을 잃으면 회복이 참 어렵다. 건강 회복을 위해서 그만큼 돈이 뒷받침해주어야 하고 의지와 집념과 끈기도 더욱 필요하기 때문이다. 건강은 인생을 신바람 나게 한다. 건강을 잃으면 모든 것을 다 잃는 것이 된다. 돈도 경제력도 지식도 건강할 때 의미가 있다.

다음은, 인격이다. 인격은 그 사람의 품격이며 사람의 됨됨이다. 인격이 곧아야 의로운 일을 행한다. 의를 행하는 자는 인격이 올바른 사람이다. 아무리 돈이 있고, 지식이 있고, 건강이 있어도 더러워진 인격은 힘을 발휘하지 못한다. 인격을 승화시켜 주는 것은 양심이다. 선한 양심을 가진 자가 진정으로 올바른 인격체가 되어 공의로운 자가 될 수 있다. 반면에 더럽혀진 인격은 지혜마저도 빼앗아 어리석고 우둔한 자로 만든다.

또 하나의 절대적인 힘이 있다. 바로 믿음의 힘이다. 우리가 살아가는 데 있어 돈, 경제력, 지식, 건강, 인격도 중요하다. 그러나 돈, 지식, 건강이 부족해도 어떤 상황, 어떤 여건에서도 참고 견디며 용기 있게 앞으로 나아갈 수 있는 힘이 바로 믿음의 힘이다. 또한 믿음의 힘은 우리를 강하게 만든다. 믿음은 어려움을 극복하고 이겨내게 한다. 믿음은 새로운 인생사를 만들고 역사도 만든다. 오직 믿음으로 말미암은 힘은 진실의 힘이요, 겸손의 힘이요, 생명의 힘으로 힘의 근본이라 할 수 있다. 히브리서 11장 3절은 말씀하신다. "믿음으로 모든 세계가 하나님의 말씀으로 지어진 줄을 우리가 아나니", 요한일서 5장 4절 "세상을 이기는 승리는 이것이니 우리의 믿음이니라." 믿음의 힘으로 살 때 하나님의 섭리를 깨닫게 되고 두렵고 힘들고 지쳐 있을 때 하나님은 용기를 주시고 힘을 주신다. 주님, 믿음으로 승리하게 하여 주옵소서.

범사에 감사를

감사와 영광은 하나님께 드리는 제사이고, 원망과 저주는 마귀에게 주는 제사라고 한다. 감사하는 것은 인간의 도리이자 하나님의 뜻이다. 감사는 행복의 원동력이요, 은혜 받은 사람의 표징이다. 그렇다면 우리는 어떻게 감사해야 할까 생각해보자. "범사에 감사하라 이것이 그리스도 예수 안에서 너희를 향하신 하나님의 뜻이니라."(데살로니가전서 5장 18절)라는 말씀과 같이 성경은 범사에 감사하라고 한다. 여기서 범사(凡事)란 일상생활에서의 갖가지 모든 일을 뜻한다. 어떤 상황이든 전지전능하시고 언제나 변함없으시며 한결같이 사랑하시는 은혜의 하나님께 감사해야 한다. 환경과 시간을 뛰어넘는 감사가 진정한 감사이다. 특히 좋은 일에 감사하는 것보다, 어려운 일에도 감사하는 것은 빛이 더 할 것이다. 감사의 가치도 더 클 것이다.

감사에는 세 가지가 있다.

첫째, 조건부 감사이다. 조건부 감사는 1차원적 감사이다. 무엇을 주시면 드리겠다는 것이 조건부 감사이며, 반대급부가 따른다. 편협한 감사이며, 전형적인 세속적 감사이다.

둘째는, 때문에 감사이다. 이는 무엇이 이루어졌기에 드리는 감사로, 2차원적인 감사이다. 대부분의 사람들이 2차원적인 감사에 익숙할 것 같다. 일상에서 드리는 일반적인 감사이다.

셋째는, 그럼에도 불구하고 감사이다. 이는 하나님께서 나를 구원하셨고 나와 함께하시기에 고난, 어려움, 환난 중에서도 감사하는 3차원적인 감사이다. 그래도 감사, 그리 아니하실지라도 감사하는 것이다. 이것이 진정한 감사요. 선한 감사이며, 심지가 깊은 감사이다. 주님이 기뻐하시는 감사이다. 대부분의 사람들이 하기에는 힘든 감사이기에 그 차원도 높다. 성경에서 말하는 감사는 '범사에 감사하라'고 말씀하기에 1차원적 감사부터 3차원적인 감사까지 모두를 포함한다. 그러나 어떤 감사가 진정으로 가치가 있고, 격이 있는 감사일까? 어떤 감사가 신앙에 기초하고, 신앙의 본을 보이는 감사일까 생각해 보자. "아무 것도 염려하지 말고 다만 모든 일에 기도와 간구로 너희 구할 것을 감사함으로 하나님께 아뢰라."(빌립보서 4장 6절)

감사는 고난을 이기게 하시는 하나님의 능력이 나타난다. 삶을 풍요롭게 하는 힘이다. 부족함에도 불구하고 마음을 다하는 훈훈한 감사는 하나님을 감동시킨다. 어떤 상황에서도 감사할 수 있는 믿음의 사람이 되자. 주님이 늘 도우시며 반드시 선하게 인도하실 것을 믿고 어제도 감사했고, 오늘도 내일도 감사를 구하며 나아가자. 확신을 가지며, 주님의 사랑과 섭리에 범사에 감사하자. 분명히 말씀하신다. 범사에 감사하는 사람과 주님이 함께 하신다는 것을.

긍정 혹은 부정의 선택이
인생을 바꾼다

*

출생과 죽음 사이에는 무엇이 있을까? 당연히 인생이 있다. 출생과 죽음 사이에는 그 인생을 좌우하는 '선택'이 있다. 무의식적인 선택이든, 환경에 의한 선택이든, 의식적이고 의지적인 선택이든, 피치 못할 사정에 의한 선택이든 사람들은 누구나 갈림길에서 선택하며 살아간다. 인생의 기로에서 선택을 통해 자기를 규정하고, 자기 정체성을 획득하며, 삶의 의미와 가치를 부여한다. 개인적으로뿐만 아니라 공동체적인 차원에서도 우리는 자기 삶을 규정하고 관계를 만들어 가며 살아간다. 인간은 사회적인 존재이고 관계를 떠나서는 존재할 수도 없고 존재 가치도 없기 때문이다. 우리의 존재 가치도 공동체 안에서 확인되고 삶의 의미와 보람도 느끼게 된다. 즉, 공동운명체의 삶이며, 삶의 목표와 지향점도 그 속에 있다. 이런 관점에서 볼 때 환경, 사물 그리고 사람과의 관계를 맺고 소통하는 데 있어 나는 긍정적인 사람인가, 부정적인 사람인가를 질문해 보는 것은 나름대로 의미가 있고 중요하다.

'긍정'과 '부정'은 한 글자 차이지만 그 결과는 엄청나게 다르다.

영장류인 인간과 침팬지의 DNA 구조는 98.7%가 같고 단지 1.3%만 차이가 난다. 영장류(靈長類)란 꼬리있는 원숭이류, 꼬리없는 원숭이류와 사람을 포함하는 포유류의 최상목(最上目)을 가리킨다. 그런데 하나님은 1.3%의 작은 차이로 인간과 침팬지를 나누었다. 놀랍게도 큰 차이를 만들었다. 그리고 같은 육신의 구조와 기능을 갖고 있는 우리들은 고등화된 마음에 있어서 서로 다른 것이 많다. 마음의 차이가 삶의 차이도 크게 만들곤 한다. 여러 가지 마음의 작용 중에서 긍정이냐 부정이냐는 각자가 선택하는 마음에 달려있다. 소위 마음대로이다. 그 '선택'이 큰 차이를 만들기도 한다.

하나님은 놀라운 계획을 성취시키기 위해 그 계획에 긍정적인 사람들을 귀하게 사용하신다. 부정적인 상황을 부정적으로 받아들이지 않고 오히려 하나님의 뜻을 구하며 긍정적인 상황으로 바꾸어 해석하는 것은 어떨까? 나는 지금 어떠한 상황에 놓여 있는가? 혹 부정적인 상황일지라도 믿음의 눈을 가지고 하나님께서 역사하실 긍정적인 고백을 할 수 있는 지혜로움이 있었으면 한다. 1.3%의 차이가 너무나도 다른 큰 차이를 만들 듯이 작은 긍정으로 시작해서 범사에 하나님의 능력을 긍정하면, 부정할 때와는 크게 다르게 하나님의 도우심이 있을 것이다. 지금 내가 처한 현실이 어렵고 힘들다 해도 믿음 안에서 하나님의 도우심을 긍정의 눈으로 바라보자. 긍정의 눈에 맺힌 이미지가 긍정의 사고로 전환되어 긍정의 힘으로 마음에 간직되고 축적되어지면 새로운 세상이 펼쳐질 것이다. 시각이 바뀌고 시야도 바뀌면 새로운 희망도 꿈틀거린다. 그러한 긍정의 힘은 대단하다.

조엘 오스틴 목사는 2009년 출간한 그의 저서 '긍정의 힘'에서 '삶을 성공으로 이끄는 것은 바로 하나님 안에서 품는 긍정의 힘이다'라고 강조했다. '긍정의 힘'은 하나님 말씀을 믿는 대로 된다는 것이다. 하나님 마음에 합당한 긍정적인 사고와 행동은 하나님의 온전하신 뜻을 이루며 선한 영향력을 끼친다. 긍정의 힘은 사람의 인생을 바꾸며 변화시킨다. 믿음 안에서 선한 지혜에 풍성한 긍정의 사람으로 하나님의 인정을 받는 길로 나아가길 진정으로 바라마지 않는다.

축적의 시간

삶의 여정을 이루고 쌓아가는 축적의 시간에 우리 존재의 의미를 다시 생각해 본다.

생일을 맞을 때 우리가 자주 부르는 축복송이 있다. 제목은 '당신은 사랑받기 위해 태어난 사람'으로 1997년 이민섭이 작사·작곡한 CCM 찬양복음성가이다.

이 곡은 초기에는 일부 개신교 교회에서만 사용되었으나, 가사의 내용이 아름답고, 멜로디도 감미롭고 쉬워서 폭발적인 인기로 대한민국 전체에서 일반적으로 사용되기 시작했다. 수많은 가수들이 리메이크곡까지 만들었다. 또한 CF의 배경음악으로까지 사용되기도 했다. 가장 대표적인 축복송의 하나로 사용되고 있으며, 가사는 다음과 같다.

당신은 사랑받기 위해 태어난 사람
당신의 삶속에서 그 사랑 받고 있지요.
태초부터 시작된 하나님의 사랑은

우리의 만남을 통해 열매를 맺고,

당신이 이 세상에 존재함으로 인해

우리에게 얼마나 큰 기쁨이 되는지

당신은 사랑받기 위해 태어난 사람

지금도 그 사랑 받고 있지요.

그렇다. 사랑받기 위하여 태어난 우리들 삶이 세상이란 풍파와 큰 파도를 만나게 되면 여정이 요동친다. 그에 따른 감정의 기복도 엄청나게 크게 일어난다. 인생길이 그렇게 만만하지는 않다는 것을 나이가 들수록 깨닫는다.

성경에서 "하나님은 우리의 피난처시요 힘이시니 환난 중에 만날 큰 도움이시라.", "삶이 요동칠지라도 우리는 두려워 아니하리로다." 라고 말씀하신다.

인생길을 걷다보면 힘이 들고 어려워서 포기하고 싶을 때도 있다. 후회를 할 때도 있다. 낙심하고 심지어 자포자기 할 때도 있다. 그런데 그때가 바로 하나님의 강력하고 위대한 은혜를 경험할 수 있는 기회가 되는 것이다. 계기가 된다는 것이다. 이를 우리는 전환점(turning point)이라고 말한다.

인생길은 굴곡이 있다. 즐겁고, 기쁠 때가 있기도 하고 한편으로 슬프고 괴롭고 어려울 때도 있다. 항상 행복하고 즐겁고 기쁘기만 한 직선과 같은 삶이 계속된다면 그것은 기적이라고 할 수가 있다. 그런데 인생길을 걸을 때 분명한 것은 하나님이 우리를 도우신다는 것이다. 세상에는 우리가 두려워해야 할 일도 있다. 엄습하는 두려움도 있겠지만 그때를 지나는 동안, 또는 지나고 나서 하나님의 섭리와 도우심을 깨닫게 된다. 결국 하나님 안에서의 인생이 되면, 환경이 변하고 가치관이 변하고 인생의 파도가 세게 불어오는 변동에도 웃으면서 맞을 수 있는 여유가 생겨나기 때문이다.

인생 곡선에서 굴곡이 이루어지는 변곡점들이 크면 클수록 희로애락의 폭도 크기도 커진다. 그만큼 인내도 커지고, 연단도 커진다. 회복의 역사가 이루어지면 그만큼 감사도 커지고 소망도 커질 것이다. 이것이 인생의 여정이자 행로다.

여전히 감사한 것은 내 인생은 하나님이 책임져 주시고, 나와 함께 하신다는 확신이다. 하나님이 인생을 동행해 주신다는 확신으로, 삶을 이루는 축적의 시간 속에서 각자 존재의 의미를 다시금 깨닫고 승리하였으면 한다.

샬롬(shalom), 평안을 바라며.

수 명

건강검진이 보편화되어 예방도 잘하고, 치료도 신속히 하고, 의학 기술도 발전하고 있다. 더불어 건강하게 취미활동과 여가를 즐기는 여유도 확산되고 있다. 이에 관련된 재미있는 소식이 있다. 그것은 UN에서 발표한 새로운 연령구분이다. UN에서는 전 세계 인류의 체질과 평균수명에 대한 측정 결과, 연령 분류의 표준에 새로운 규정을 만들었다. 사람의 평생 연령을 5단계로 나누었고, 내용은 다음과 같다.

    0세~17세 까지는 미성년자
   18세~65세 까지는 청년
   66세~79세 까지는 중년
   80세~99세 까지는 노년
100세 이후는 장수노인

육신의 나이는 점점 늘어나고 있다. 참고로 성경에서는 육신의 연수를 120세로 언급하기도 했다. "그들이 육신이 됨이라 그러나 그들의 날은 120년이 되리라 하시니라."(창세기 6장 3절)

의학자, 생명을 연구하는 학자들은 계속해서 인간의 수명이 연장되는 데는 동의하지만 구체적인 수명 연수에 있어서는 의견이 분분하다.

한 해가 흘러 새해를 맞으면서 한 살을 더 먹게 된다. 그런데 나이 세는 방식이 우리나라는 독특하다. 갓 태어난 아이를 0세가 아닌 1세로 치는 나라는 우리밖에는 없다. 모태에서 10달을 보냈기에 1세로 치는 것이지만, 예를 들어 12월 31일 태어난 아이는 다음 날인 이듬해 1월 1일이 되면 우리나라 나이로는 벌써 두 살이 되는 것이다. 이런 식으로 나이를 먹는 것을 좋아할 사람이 많지는 않을 것이다. 나이 세는 방식으로는 우리식 나이, 만 나이와 연 나이가 있다. 예를 들어 2000년생의 경우 올해 생일이 지나지 않았다면 만으로는 18세, 연 나이로는 19세, 우리 나이로는 20세가 된다.

아시아 문명권인 중국, 일본, 베트남 등도 과거에는 우리와 같은 나이 계산법을 사용했지만 중국은 문화대혁명 이후, 일본은 1902년 만 나이를 공식적으로 채택하다가 1950년 법률로 정하면서, 베트남은 프랑스 식민지를 거치면서 만 나이로 통일시켰다.

외국인을 만나는 경우 어렵고 불편한 경우가 종종 있다. 2000년생이 우리 나이로 늘 20살이라고 하다가 외국인을 만나면 생일이 지나지 않아 18세라고 말하면 어색하기도 하고, 외국인들도 헷갈린다. 그래서 외국인 사이에서는 한국식 나이를 '코리안 에이지(korean age)'라고 부른다.

뻐기듯 손윗사람 행세하고 싶어서, 대접 받고 싶어서 한 살이라도 부풀리고 싶어 하는 경우를 제외하고는 나이가 어려지는 것을 싫어할 사람은 없을 것이다. '청춘을 돌려다오'란 노래 가사가 그렇듯이 한 살이라도 젊게 보이려고 운동도 열심히 하고, 미용까지도 받는 청·중년들이 늘고 있는데…….

시간을 아끼고, 하루하루 삶에 감사함으로 세월의 나이뿐만 아니라 마음의 나이도 성숙해지는 만큼 젊어졌으면 한다.

달에 대한 동심을
그리며

*

옥토끼(玉兔)가 산다던 인류 상상력의 저장고인 달이 정복된 지 50년이 되었다.

미국이 발사한 아폴로 11호(Apollo-11)가 1969년 7월 16일 인류 역사상 최초로 달의 앞면 착륙에 성공했고, 중국의 달 탐사선 창어 4호(嫦娥四號)가 2019년 1월 3일 세계 최초로 달 뒷면에 착륙하였다.

달에 대해 알지 못했던 정보들이 속속들이 규명되고 있다. 이제껏 보거나 알지도 못했던 달의 뒷면에까지 착륙하여 정확한 정보(data)들이 측정·확인되고 있다. 한편으로 이러한 정보들로 인해 동심으로 간직해오던 소중한 달에 대한 동경이 깨지고 있다.

그동안 순수한 추억으로 간직되어 오던 회상, 전해오는 아름다운 이야기, 설화 등은 마음을 따뜻하게 해주고 동심을 일깨워주었다. 지구와의 충돌로 생겨난 위성인 달은 오래 전 그 옛날부터 인류와 같이 친구처럼 동반자처럼 우리와 동행하여 왔고, 공존해 왔다. 초승달에서 점점 변하여 둥글게 꽉 찬 보름달은 한 해의 풍성한 결실을 기원해 주며, 밝은 달빛은 암울한 시대, 암울한 마음에 위로와 위안이 되어 왔다. 그렇게 달은 우리에게 신화이자 은유였다.

달에 대한 대표적인 노래로 작곡가 윤극영(1903~1988년)이 1924년에 발표한 최초의 한국 동요인 '반달'은 그 가사 자체가 우리에게 주는 달의 위로이자 달의 위안이었다.

푸른하늘 은하수 하얀 쪽 배엔 계수나무 한 나무 토끼 한 마리
돛대도 아니 달고 삿대도 없이 가기도 잘도 간다 서쪽 나라로.
은하수를 건너서 구름나라로 구름나라 지나선 어디로 가나
멀리서 반짝반짝 비치이는 건 샛별이 등대란다 길을 찾아라.

계수나무 한 나무가 있고, 방아를 찧는 토끼 한 마리가 있는 달은 푸른 하늘 은하수를 건너는 쪽배였다. 윤극영이 이 노래를 작곡한 계기는 시집간 맏누이의 부고를 접하고 처연한 심정으로 만들었다고 한다. 그러나 우리는 그런 의도에는 관계없이 '반달' 노래에서 위안을 얻고 위로를 받았다. 일제강점기 암울한 시대에 나라 잃은 설움에 응어리진 마음으로 빗대어 불렀고 광복 후 어려운 시기마다 위안을 삼아 불렀다.

달에 대한 호기심으로 과학적 탐사를 시작하면서 윤극영이 전하는 계수나무 한 나무 토끼 한 마리의 신화는 깨졌다. 더불어 환하게 비추는 달의 앞면은 인간 본성의 밝은 면이고, 보이지 않는 달의 뒷면은 인간 본성의 어두운 면이란 은유도 깨졌다.

달에 대한 우리의 친근함은 여러 분야에서 언급되고 있다. 작곡가, 작사가를 알지는 못하지만 어릴 적에 많이 불렀던 동요의 가사를 음

미해 보자.

달 달 무슨 달 쟁반같이 둥근 달 어디 어디 떴나 남산 위에 떴지.
달 달 무슨 달 낮과 같이 밝은 달 어디 어디 비추나 우리 동네 비추지.
달 달 무슨 달 거울 같은 보름달 무엇 무엇 비추나 우리 얼굴 비추지.

너무 순수하며 아름답고 주옥같은 노래말이라고 생각한다. 동심까지도 자극한다.

가수 김부자가 부른 '달타령'의 노래말도 우리 나라의 대표적 구전 동요인 전래동요를 따왔다.

달아달아 밝은 달아 이태백이 놀던 달아
저기 저기 저 달 속에 계수 나무 박혔으니
옥도끼로 찍어내어 금도끼로 다듬어서
초가삼간 집을 짓고 양친부모 모셔다가
천년 만년 살고지고 천년 만년 살고지고

작사자가 누구인지 작곡자가 누구인지는 알 길이 없으나 이 '달아 달아 밝은 달아'는 중국 당나라의 시인 이태백(701~762년)을 노래한 것이다.

밤하늘에 반짝이며 밤하늘을 은은히 밝히는 달빛을 바라보면 신비스러운 기분까지 든다. 그 아름다운 달빛을 영감으로 하여 걸작의 예술 작품이 음악에서도 탄생했다. 프랑스 작곡가 드뷔시(1862~1918

년)의 피아노곡 '달빛'을 비롯하여 많은 음악 작품들이 있다. 그 중에 뭐니 뭐니 해도 달과 관련된 클래식 음악 중 제일 유명한 곡은 독일 작곡가 베토벤(1770~1827년)이 1801년에 만든 곡 소나타 작품 27-2인 '월광(月光, 달빛)'이다. 이 곡은 내용이 사색적이며 환상적이고 매력적이기에 베토벤의 피아노 작품 가운데 가장 유명하며 후세에 '월광 소나타'로 널리 알려져 있다.

한편 달의 변화주기에 따라 오늘날 사용하는 달력(calendar)이 발명되었다. 그리고 인류의 역사, 문명이 달력과 함께 했다. 프랑스인들이 아침식사로 바게트와 같이 즐겨 먹는 국민빵인 '크로와상(croissant)'도 초승달(crescent) 모양에서 유래되었기에 초승달을 의미한다. 이처럼 생활 속에서도 '달'이 녹아들어 표현되기도 한다. '달'이라는 말에는 이루 말할 수 없는 삶의 애환과 꿈, 희망, 즐거움, 신비, 매력 등을 담고 있기에 생활과 문화 곳곳에 스며들어 있다.

옥토끼(玉兔, 月兔)는 동아시아 전설에서 달에 산다는 토끼를 말한다. 아이러니하게도 중국의 달 탐사선 창어4호(창어는 고대 중국에서 달에 살고 있다 생각한 여신이다)에서 분리된 탐사 로봇 '옥토끼 2호'가 달 뒷면을 탐사하며, 다시금 그 이름처럼 달의 상징이었던 '옥토끼' 신화와 은유를 깨뜨렸다.

우리에게 있어서 달은 마음을 달래주는 위로이자 위안이었다. 또한 마음을 격려해주는 희망이자 꿈이기도 하였다. 가난한 마음에 가득한 충만과 풍성함을 느끼게 하는 친구였다.

과학문명으로 달에 대한 신화, 은유, 비유에 대한 실체는 깨졌지만, 달에 대해 아늑하고도 포근하게 간직해온 동심은 오랜 세월동안 인류와 같이 동행 · 공존해 왔기에 영원히 기억 속에 남을 것이다.

우리가 바라보는 하늘에서 늘 함께 해 준 달은, 여전히 우주 만물의 하나로서 우리의 마음을 움직이고 있다.

어려울수록 오기가
생긴다

*

새롭게 도전하는 데는 리스크가 따른다. 기회를 좇는 곳엔 그만큼 위험 부담이 있다는 것이다. 그래서 모험이라고 한다. 대다수 중 소수는 이러한 모험에 도전한다. '하이 리스크 하이 리턴(high risk high return, 위험 없이는 큰 대가도 없다)'을 신념으로 부르짖으면서.

2019년 1월 28일자 조선일보 '뉴스와 사람'이란 신문기사를 읽고 감회를 토로해본다.

9개의 외식 브랜드, 연 매출 500억 원의 프랜차이즈 기업을 이끄는 이상윤(50세) SF이노베이션 대표는 업계에서 '맨주먹의 신화'로 통한다. 서울 강남·이태원에서 외식 브랜드를 속속 성공시켰지만 요리라고는 한 번도 제대로 배워본 적 없는 중학교 중퇴 출신이기 때문이다.

그의 유년기는 순탄치 않았다. 초등학교 4학년 때 부모가 이혼하면서 가족들은 뿔뿔이 흩어졌다. 그는 "고아와 다름없는 삶이었다."며 "새벽에 신문을 돌리고 점심은 학교에서 수돗물로 배 채운 날이 많았다."고 했다. 중학교 2학년 때 학업을 접었다. 춤에 빠져 이태원 밤무대에서 박남정 · 현진영 등과 함께 비보이 생활도 했다. 1997년 댄스그룹 C4란 이름으로 데뷔까지 했지만 앨범을 낸 지 두 달 만에 결핵에 걸려 춤추는 일마저 그만뒀다. 30대 무명 춤꾼이 사회에서 할 수 있는 일은 별로 없었다. 다단계 화장품 판매원, 나이트클럽 서빙 · 주방보조에 영업부장까지 닥치는 대로 일했다.

만 서른넷이 되던 2002년. 그는 서울 논현동의 월세 40만 원짜리 반지하 단칸방에 형과 단둘이 밥솥 하나 달랑 놓고 김밥 장사를 시작했다. 그는 "딴따라 출신의 호기심, 어깨너머 배운 요리솜씨, 신문 돌리며 익힌 동네 지리와 발뒤꿈치 까질 때까지 춤만 췄던 근면함이 전부였다."고 했다.

한입에 먹을 수 있게 엄지손가락만한 작은 크기의 김밥을 싸서 겉은 계란으로 두르고 장아찌 반찬을 곁들였다. 김밥을 100개씩 싸들고 무작정 인근 미용실 · 유흥업소에 무료로 돌렸다. 열흘쯤 지나자 주문 전화가 들어오기 시작했고 직접 발로 뛰며 배달했다. 형제가 직접 맛보며 김밥에 오징어먹물 · 스팸을 넣고 카르보나라 크림에 떡볶이를 만들어보는 식의 별난 실험도 했다. 점차 입소문이 나면서 2005년 가로수길에 첫 매장을 낸 것이 지금은 전국 매장 77곳의 스쿨푸드로 성장했다. 미쉐린 맛집에 2년 연속 등재되고 연매출 500억 원의 맨주먹 신화를 이룬 것이다.

그는 어려움을 극복하고 현재 자기 분야에서 나름대로 성공(현재 진행형이지만)이라고 부를 만한 위치에 있다고 본다. 우리 주변에는 항상 기회가 맴돌고 있다. 단지 그것을 보지 못하고, 알아채지도 못하고, 파악도 못한다. 심지어는 알고 있으면서도 머릿속으로만 끙끙거리고 그 기회를 잡을 열정도 도전한 용기도 없는 사람들이 대다수이다. 인간은 비교에 의해 좀 더 좋은 가치를 추구해가는 생명체이다. 남과의 비교를 통하여 그리고 자신의 이전과 비교하여 자신의 미래를 위해 계속 발전과 진화를 해 나간다. 여기에 성공을 위해서는 도전이 필요하다. 그러나 때로는 기존의 프레임에 안주하며 허공친다. 좀 더 새로운 것에 도전할 용기가 없어 이를 실행하지 못하기도 한다. 당연히 우리 뇌리에는 혹시나 실패하여 현재 누리고 있는 그 모든 것을 잃을까 걱정이 되고, 불안이 엄습한다.

누군가 '실패는 성공의 어머니'라고 말했다. 인생에 있어 누구나 성공만을 하는 것은 아니다. 많은 사람들이 실패와 어려움, 시련을 경험하는데 그 실패와 시련을 대하는 마음가짐과 태도에 따라 인생의 낙오자가 되기도 하고, 더 큰 인물로 성장하기도 한다. 그러나 실패를 딛고 재기에 성공하기란 말처럼 그리 쉬운 일은 아니다. 그래도 꿈이 있기에 다시 칠전팔기(七顚八起)의 불굴의 각오로 임해야 한다. 어려울수록 오기를 가져야만 한다. 다만, 판단력과 능력을 갖추려는 노력이 병행되어야 한다. 우리 모두 희망을 잃치 말아야 한다. 살아가는데 빛과 어둠이 있다. 상반되는 단어이다. 빛은 좋은 의미이고 어둠은 나쁜 의미를 내포한다. 그러나 우리가 살아가는 생활에서 어둠이 전혀 없다면 빛이 얼마나 밝은지, 빛이 우리에게 얼마나 이루 말할 수 없는 큰 혜택을 가져다주는지 그 가치를 알 수가 없을 것이다. 또한 빛이 없다면 우리들은 어둠 속에서 밝음을 찾으려 시도하지도 않을 것이다.

인생의 도전도 마찬가지다. 실패와 어려움과 시련이 없는 성공이라면 자랑과 교만이 하늘을 찌를 정도로 위세가 대단할 것이다. 그러나 실패와 어려움과 시련이 사람을 겸손하게 만든다. 인내를 주고 웬만한 어려움과 시련에도 견뎌내는 내성을 키워준다. 온실 속 화초에서 자란 내 자아를 온갖 시련의 풍상을 겪는 황야에서 자란 잡초로키워준다. 우리는 어려서는 부모의 도움으로 온갖 귀여움과 사랑 가운데 성장해 오지만 성인이 되어 사회에 나가면 소위 생존경쟁의 장(場)인 밀림과 같은 환경을 접한다. 그 곳은 치열한 도전과 응전이 직면한 곳이기도 하다.

역사는 후세가 평가한다. 한사람의 예를 들자면, 전구, 전화기, 직류 발전기 등을 비롯하여 1,300개가 넘는 획기적 발명품을 만들어 낸미국의 발명가 에디슨(Edison, 1847~1931년)은 이렇게 많은 발명을하기까지 수도 없는 실패를 했다. 하지만 에디슨은 실패할 때마다 포기하지 않고, 그 실패가 성공의 밑거름이 될 것이라고 굳게 믿었기에세계적 위인으로 역사에 영원히 기록되고 있다.

전도서 7장 14절 "형통한 날에는 기뻐하고 곤고한 날에는 되돌아보아라 이 두 가지를 하나님이 병행하게 하사 사람이 그의 장래 일을능히 헤아려 알지 못하게 하셨느니라."

사람이 살다보면 형통한 날도 있고, 곤고한 날도 있다. 형통과 곤고 모두 하나님께서 주신 것이다. 우리는 계획은 있어도 장래 일은알지 못한다. 내일 당장 어떤 일이 벌어질지도 모르는 마당에 어찌장래 일까지 알 수가 있겠는가? 그래서 내일을 여는 오늘에 충실해야만 한다. 다음이라는 기회에 기대지 말고 지금에 열정을 쏟아야 한다. 특히 곤고한 날이 올 때 원망하기보다는, 뒤를 되돌아보면서 오기를 가지고 어려움을 극복해 나가야 한다. 우리는 실패를 잘 받아들이지 못한다. 왜냐하면 자존심이 강하기 때문이다. 그리고 이해하지 못하기 때문이다. '실패는 성공의 어머니'라고 말한 에디슨을 타산지석(他山之石)으로 삼아보자.

어려울수록 쉽게 포기하지 않고 다시 도전하는 선한 목적의 오기가 생긴다면, 그것이 우리를 단련시켜 당면한 문제나 장기적인 목표를 볼 수 있고 감당할 수 있는 바탕이 될 것이다. 그리고 잠언 16장 3절 "너의 행사를 여호와께 맡기라 그리하면 네가 경영하는 것이 이루어지리라."라고 기록되었듯이 계획은 우리들이 하더라도 그 과정을 하나님께 맡길 때, 결과는 하나님께서 주신다는 것을 잊어서는 안된다.

당신의 뇌는
건강하십니까

*

안부인사의 첫 마디로 "안녕하세요?", "요새 어떻게 지내세요?"라고 물으면, "바쁩니다.", "바쁘게 지내고 있습니다."로 응답하는 경우가 많다. 참 바쁜 세상이다. 어린아이부터 청소년, 청년, 중년, 장년, 노년에 이르기까지 이런저런 이유로 모두가 바쁘게 살아간다. 일이 많아 바쁘고, 취미 활동하느라 바쁘고, 노느라 바쁘고, 봉사하느라 바쁘고, 종교 활동하느라 바쁘고, 공부하랴 바쁘고, 다양한 바쁜 일상의 모습들이다. 일에 얽매어 살다보면 일의 노예가 되어, 주말에 휴식을 취해도 쉰 것 같지 않다.

장래에 대한 불확실성으로 인한 불안감, 근심, 걱정과 파생되는 잡생각(잡념)으로 인해 피곤에 시달린다. 바로 '뇌 피로' 때문이다. 어떤 물체도 피로가 계속되어 누적되면 피로파괴로 이어지듯이, 우리 몸과 정신을 지배하는 뇌도 피로가 쌓여 피로누적이 되면 만성피로에 시달리게 된다. 이 현상이 지속되면 피로파괴의 현상이 나타난다. 내적, 외적 요인으로 인하여 신체에 가해지는 압박을 소위 '스트레스(stress)'라고 부른다. 스트레스가 쌓이면 피로를 가중시킨다. 스트레스 장애는 불안장애, 우울증 등 정신질환으로까지 악화된다. 신경정신과 의사인 이시형 박사는 "대부분의 사람은 몸만 쉬면 모든 피로가 해소되는 줄로만 알고 있지만 그것은 진정한 휴식이 아니다. 뇌 피로에는 육체적 피로 해소와는 차원이 전혀 다른 과학적인 휴식이 필요하다."고 말한다. 뇌 힐링이 필요하다는 얘기다.

건강이라 하면 우선적으로 육체의 건강, 즉 몸의 건강부터 떠 올린다. 그러나 마음을 다스리는 정신건강도 중요하다. 정신활동의 원동력이 되는 뇌의 건강인 것이다. 그러면 오늘을 살아가는 현대인은 뇌 피로가 왜 심할까? 삶의 치열한 생존터에서 바쁠수록, 육체적·정신적 피로가 가해질수록 뇌도 스트레스를 받아 자율신경 중 교감신경이 극도로 자극·흥분되어 균형이 깨지면서 뇌가 급격히 피로해진다. 이시형 박사는 현대인의 뇌 피로 원인으로 나이에 따른 위기감, 직업 스트레스, 급격한 사회 변화, 국제화 스트레스 등을 꼽는다. 뇌 피로도 산업화로 인해 육체노동이 정신노동으로 바뀌면서 악화되었다.

인간의 지적능력이 발달함에 따라 산업화 환경은 급속히 변화되고 있다. 급속한 환경 변화에 적응하려면, 뇌 피로도 비례하여 증가할 것이다. 그래서 뇌 피로를 간과해서는 안된다. 뇌 피로는 만성피로증후군(chronic fatigue syndrome)으로 나타난다. 우리나라는 만성피로증후군으로 병원을 찾는 환자가 연간 10만 명을 웃돌고 있다.

그렇다면 뇌 피로를 풀고 힐링하는 방법을 강구해보자.

첫째, 잘 자는 것이다. 게임, 인터넷, 예능 방송 등 중독성이 강한 콘텐츠의 범람으로 수면의 절대량이 부족한 상태이다. 수면의 양과 질이 뇌의 힐링을 이끈다.

둘째, 몸을 천천히 이완시켜 뇌의 건강을 좋게 해야 한다. 스트레칭, 요가 등으로 몸의 피로를 풀어, 뇌를 힐링시켜야 한다.

셋째, 정신적 수양을 해야 한다. 호흡과 명상, 기도를 통하여 평안과 안식을 얻어서, 부교감신경을 활성화시켜 뇌 피로를 풀어주는 힐링을 해야 한다.

넷째, 평소 내려놓고 비우는 마음을 가져야 한다. 겸허한 마음을 가지고 평정심을 유지해야 한다. 감사하는 마음을 가져야 한다. 그리고 감동도 역시 스트레스를 해소하고 뇌 피로를 푸는 힐링에 좋다.

고대 로마의 시인 유베날리스(Juvenalis)가 한 격언 '건강한 육체에 건전한 정신이 깃든다'를 떠올려본다. 당시의 상황과 현대의 상황이 달라 그 의미도 다르겠지만, 여전히 이 문구에 동질감을 갖는다.

'인생을 허비하지 않고 살기 위한 여정'에서 파생되는 것들이 역설적으로 우리 뇌의 피로를 가중시키지만, 워라밸(Work and Life Balance를 한국식으로 줄인 말), 스라밸(Study and Life Balance) 등의 신조어처럼 삶이 건강하기 위해서는 반드시 육신의 건강과 더불어 뇌의 건강을 유지해야만 한다. 삶에 방향과 평안을 주시는 하나님의 말씀에 귀를 기울이며 집중하는 시간도 만들어 보자.

현장 경험

자기 분야에서 최고를 일컬어 달인이라 부른다. 지상파 SBS에서 오랫동안 방영되는 '생활의 달인'을 시청할 때마다 감탄과 감동이 절로 나온다. 수십 년에 걸친 경험, 노하우(know how), 스킬(skill), 노력과 땀과 눈물의 결정체라 할 수 있다. 그들만의 개성이 녹아있는 독창성, 남들과 다른 차별성에 존경심마저 우러나오게 한다. 기술 분야에 있어서도 최고의 숙련가를 명장이라 칭하며, 그에 걸맞은 합당한 대우를 해주고 있다. 이렇게 현장에서 고진감래(苦盡甘來)를 겪으며 자기 분야의 최고라는 자리에 오른 사람들이다. 자신의 분야에서 최선을 다하고 연마하여 습득한 전문성을 삶에 필요한 공익에 정성 들여 기여하는 사람들이다.

반면에 현장의 목소리, 현장 실무, 현장 분석, 현장 지식, 현장의 문제에는 그다지 관심도 없고 능력도 키우지 않는 전혀 다른 유형의 사람들이 존재한다. 정치, 기업, 방송, 상업문화, 종교, 그 외 모든 삶과 관계된 분야에 종사하는 사람들은, 특히 사회 전반에 큰 영향력을 쉽게 끼치는 사람들은 사람답게 사는 데에 가치 있고 공익적인 품성과 현장 관련 깊이 있는 경험이나 지식이 반드시 필요할 것이다. 삶의 현장에서 진정성 있게 체험하지 않았거나 공감하지 못한 말들로 어떻게 우리의 갈증을 풀어줄 수가 있는가? 핵심적인 요인은 삶의 현장에서의 체험이 약하다는 것이다. 소통이 결여되었기에, 배려가 부족하기에 편견이 생겨 나름대로의 도그마(dogma, 독단적인 신념이나 학설)에 갇혀있기 때문이다. 사고(思考)를 다듬는 일과 사고의 유연성이 없거나 부족하여 자기를 부각시키고 내세우려는 관념 오류에 사로잡혀 있다.

삼성전자가 삼성반도체통신이라는 한정된 사업부를 뛰어넘어, 2007년 애플이 스마트폰을 출시한 이후, 지금은 애플과 맞먹는 세계 최고의 스마트폰 제조기업으로 발돋움한 것도 생산현장 중시에 있었다. 품질을 최우선하는 공정기술을 확보한 것이다. 이는 말할 수 없는 엄청난 땀과 노력을 기울인 끝에 얻은 현장 실무 경험의 노하우에 의한 것이었다.

갈등을 일으키는 문제란 무엇인가? 문제는 현재 존재하는 것과 앞으로 존재하기를 바라는 것의 차이에서 발생되는 것이다. 즉, 현실과 이상과의 괴리에서 파생되는 부산물이다.

세대차이, 종교관, 가치관 등에 상관없이 그러한 문제는 향후로도 영원히 발생하면서 존재한다. 시시각각 변하는 현장을 직시한다면 분명하고 정확한 목표가 설정되고, 해결책도 나올 수 있다.

급변하는 작금에 있어서 고대 그리스 소크라테스 시대에 수사학, 변론, 웅변을 가르치던 소피스트(sophist)와 같이 자신의 실리추구만을 주장하기 위해 수사학적 미사여구로 앵무새처럼 쏟아내는 실속 없는 말잔치로는 문제 해결이 안 된다. 아마추어에게는 통할지 모르지만 프로들에게는 절대 통하지가 않는다. 차라리 침묵하거나 묵언하는 편이 낫다.

현장은 답이 있을 뿐만 아니라 여러 가지 생각지 못하는 문제들이 발생하는 곳이기에 현장이 중요하다. 현장은 우리들 삶의 터전이자 영역이다. 삶의 현장을 눈으로 직접 확인하고 체험하면서 현장의 주체들과 소통도 하고 배려를 하며 보듬어 준다면 감동의 파동이 일 것이다. 감동이 사람을 춤추게 한다. 감동이 사람의 마음을 바꾸게 한다. 마음이 바뀌면 행동이 변한다. 그러면 공동체에 변화의 바람이 일 것이다.

성경에서 행함이 있는 믿음을 강조하였다. 오늘 예수그리스도께서 바리새인과 사두개인에게 외친 말씀처럼 우리는 회칠한 무덤이 되어서도, 회칠한 담이 되어서도 안된다. 성경에서는, 지키기도 힘든 수많은 율법을 철저히 지켜야 한다고 사람들에게 힘든 짐을 지우고, 정작 자신들은 경건하며 높임을 받아야 할 지위로 드러나기를 추구하면서 권력을 누린 종교지도자들의 잘못된 가르침을 주의하라고 하였다. 겉으로는 회를 칠한 것처럼 깨끗한데, 속은 더러워지고 부패해져서야 어찌 천국으로 가는 생명책에 기록될 수가 있겠는지 반문해 본다. "너희 의가 서기관과 바리새인보다 더 낫지 못하면 결단코 천국에 들어가지 못하리라."(마태복음 5장 20절). 우리의 모습에 늘 반추해 보자.

부끄럼을 알고
산다는 것은

*

인간이 인간다운 것은 여러 이유가 있어서다. 그 중의 한 가지는 부끄럼을 알기 때문이다. '부끄럼을 많이 타는 성격인데'와 같은 수줍음을 말하는 것이 아니다. 그 부끄럼은 소심한 것도 아니다. 창피스러움과도 다르다. 자책하는 마음으로 자아를 살포시 내려놓는 것이다. 낮추는 것이다. 양심의 고동을 느끼는 것이다. 말 한마디, 행동거지 등에서 그의 인격을 알 수가 있다. 잘못을 해놓고 부끄럼을 모른다면 어찌 인격을 지니고 있다고 말할 수 있을까? 부끄럼을 알고 그에 상응하는 사과나 사죄를 하면서 용서를 구한다면 그나마 바로된 인격의 소유자라고 볼 수 있다. 알게 모르게, 누구나 실수도 하고, 잘못도 저지른다. 그러나 반복적이거나 의도적인 잘못이나 실수는 병폐이다. 이것은 반드시 옳은 쪽으로 다스려야 한다. 잘 만들어진 규칙, 법칙이나 규범에 따른 리더십을 통해 이끌어야 한다. 삶에 부끄럼이 쌓여 갈수록, 벼가 알곡을 맺게 되면 스스로 숙여지듯이 인격적으로 익은 인품을 가진 자라고 하겠다.

　부끄러워 해야 할 때에 부끄럼을 몰라서 자신의 잘못이나 실수를 인정하지 않고 남의 탓으로 돌리고 꾸짖는다. 내 탓이 아니라 네 탓이라고 항변하고 억지 주장을 내놓는 꼴불견의 모습을 가진 자들이 도처에서 자주 언급된다.

얼굴에는 철판을 깔고 부끄럼을 모르는 사람들이 공동체에 회자된다. 사과는 커녕, 자숙도 없고 반성도 없고 회개도 없다. 왜 그렇게 살아야 하는지, 참 안쓰럽다. 오만하게 으쓱거리는 행태를 차마 보기 힘들다. 사무엘상 2장 3절 "심히 교만한 말을 다시 하지 말 것이며 오만한 말을 너희 입에서 내지 말지어다 여호와는 지식의 하나님이시라 행동을 달아 보시느니라." 똑똑함도 중요하다. 그렇지만 더 중요한 것은 인격이 무르익는 것이다. 소위 됨됨이며, 품위라고 본다. 살아가는 데 얼룩이 없다면, 자국이 없다면 사람이 아니라 신(神)이라 할 수 있다. 살아가는 데 누군가 실수나 잘못을 할 수 있지만, 부끄럼을 알고는 살아야 사람의 기본적 도리를 한다고 하겠다.

윤동주 시인의 서시(序詩) 내용을 음미해 보자.

죽는 날까지 하늘을 우러러 한 점 부끄럼이 없기를,
잎새에 이는 바람에도 나는 괴로워했다.
별을 노래하는 마음으로 모든 죽어가는 것을 사랑해야지.
그리고 나에게 주어질 길을 걸어가야겠다.
오늘 밤에도 별이 바람에 스치운다.

1941년 11월 20일에 창작된 이 시는, 그의 유고 시집인 '하늘과 바람과 별과 시'(1948년)에 수록되었다. 과연 우리는 하늘을 우러러 한

점 부끄럼이 없는지를. 양심의 부끄럼은 없는지를. 나의 자화상을 그려본다.

성경 말씀을 인용하고자 한다.

에스겔 39장 26절 "부끄러움을 품고 내게 범한 죄를 뉘우치리니"

시편 25장 2절 "나의 하나님이여 내가 주께 의지하였사오니 나로 부끄럽지 않게 하시고"

기쁜 소식

*

기독교에서는 기쁜 소식을 복음(good news)이라고 한다. 복음의 핵심은 주 예수 그리스도이다. 복음은 모든 믿는 자에게 구원을 주시는 하나님의 능력이 된다고 했다(로마서 1장 16절). 예수님을 믿는 자에게 주시는 하나님의 선물이다.

우리는 살아가면서 갖가지 기쁜 소식을 접한다. 일화로 마라톤의 기원을 말하고자 한다.

마라톤의 기원은 기원전 490년 아테네와 페르시아 간의 마라톤 전투(War of Marathon)에서 비롯된다. 아테네 동북쪽에 위치한 마라톤 들판에서 아테네의 밀리티아데스(Militiades) 장군이 1만 명의 군사를 이끌고 마라톤에 나아가 2만 명의 페르시아군을 격파했다. 이 승전보를 알리기 위해서 전령 필립피데스(Philippides)가 마라톤 벌판에서 아테네까지 약 41.6km를 쉬지 않고 달려갔다. 필립피데스는 장거리를 종주한 뒤 결과를 묻는 시민들에게 "우리가 승리했다. 아테네 시민들이여, 기뻐하라."라는 말을 외치고 죽고 말았다. 이것이 바로 오늘날 최장거리 경주인 마라톤의 기원이다. 마라톤은 이때 죽은 아테네 전령의 명예를 후세에 전하기 위하여 탄생된 경주였다. 42.195km를 달려서 도착 순서를 겨루는 경기로, 인내력과 지구력, 극기심이 필요한 운동이다. 또한 애국, 애족, 정의를 상징하는 경기이기도 하다.

이처럼 승전보를 알린 기쁜 소식은 "빨리 항복하지 않으면 안 된다.", "전멸을 당한다 해도 죽을 때까지 싸우자."며 분열을 일으켰던 아테네 시민 모두에게 말할 수 없는 기쁜 소식이었던 것이다.

예수의 탄생을 기념하는 '기쁜 소식'이란 제목의 복음성가 가사도 인용하고자 한다.,

어디선가 들리는 소리 어디선가 들리는 소리
기쁜 소식을 전하는 자여 우리 다함께 주를 찬미하자.
베들레헴 노래 부르며 기쁜 이 날을 축하하세.
어디선가 들리는 소리

기쁜 소식은 마음을 평온하게 해준다. 삶의 의욕을 일으키고, 용기를 북돋워 준다. 기쁜 소식은 활력을 일으키고, 힘을 용솟게 한다. 삶이 기쁜 소식으로만 가득 찬 여정이라면 얼마나 행복하고 좋으련만.

슬픈 소식, 우울한 소식, 안타까운 소식, 맘이 찡한 소식 등 마음을 처지게 하는 소식도 있다. 삶은 희로애락(喜怒哀樂)의 여정이라고 하지 않았던가. 가능하면 가정에서도, 이웃에서도, 사회에서도, 대한민국에서도, 더 나아가 열방(列邦, 많은 나라)에서 기쁜 소식들을 만들고, 듣고, 전하고 함께 누린다면 더 좋은 세상이 될 것이다.

갈라디아서 3장 26절 "너희가 다 믿음으로 말미암아 그리스도 예수 안에서 하나님의 아들이 되었으니"라고 말씀하신다. 요한복음 3장 15절 말씀 "하나님이 세상을 이처럼 사랑하사 독생자를 주셨으니 이는 저를 믿는 자마다 멸망치 않고 영생을 얻게 하려 하심이니라." 사람은 스스로 죄를 해결할 수 없다. 로마서 5장 8절 "우리가 아직 죄인되었을 때 그리스도께서 우리를 위해 죽으심으로 하나님께서는 우리에 대한 그 분의 사랑을 확증하셨느니라." 예수의 십자가 죽음과 부활로 인해 예수를 믿고 죄에서 구원받을 때 하나님과 인류 사이의 관계 회복이 시작된다.

과연 살아가는 데 있어, 우리에게 기쁜 소식이란 무엇일까? 다시금 생각하였으면 한다.

하루를 마감하며

*

하루의 시작을 방금 했는데, 어느덧 시간이 흘러 하루를 마감하는 늦은 저녁 시간이 되었다. 하루의 일상이 시계 시침, 분침, 초침이 빠르게 돌아가듯이 그렇게 흘러갔다. 하루를 일정 대비 시간에 맞추어 생각해 본다. 다시 오지 못할 오늘 하루도 진정 유익하고 의미 있는 시간들이 되었는지를 생각해 본다.

데드라인(dead line)이란 말이 있다. 기사 마감시간이다. 즉, 취재된 기사를 편집부에 넘겨야 하는 한계 시간을 말한다. 이 시간을 넘기면 그날은 보도할 수 없으므로 사외에서 취재한 기사를 편집자에게 넘기기 위해서 각 신문사 · 방송국 간에 치열한 경쟁을 벌이게 된다. 그 결과 다음날에는 전날에 있었던 새로운 내용들이 독자들에게 전달되어 알려진다. 나도 하루를 마감하는 내용들을 정리하며, 묵상하며, 하루 일과를 회고해 본다.

과연 나의 허물로 인하여 남에게 덕이 되지 못했는지, 내 행동가짐이 바르지 못했는지, 시간을 너무 불필요하게 낭비하며 헛되게 소일하지 않았는지 여러 가지를 반성해 본다. 주어진 인생이 너무 짧기에 하루라는 시간의 소중함을 안다.

인간은 태어나고 반드시 죽는다. 태어나는 데는 순서가 있지만 삶을 마감하는 데는 순서가 없다고 말한다.

시간에 종속되었지만, 시간의 방관자가 아니라 이왕이면 시간의 활용자가 되고 싶다. 하루 24시간 중 식사시간, 자는 시간을 제외하면 우리는 얼마의 시간을 올바르게 활용하고 있을까? 자문자답 해본다. 그렇게 시간은 흐른다. 시간의 흐름이 축적되어 세월이 되고 그 세월도 흐른다.

하루 동안 부끄럽지 않게 살았는지를 반성해 본다. 하루를 마감하며 과거도 돌아보고 과거가 돼버린 오늘도 생각하며 오늘보다는 내일 좀 더 잘 해야겠다는 다짐도 해본다. 묵상으로 관조를 하고 통찰력도 훈련한다. 나에게 주어진 이 땅에서의 사명도 생각해 본다. 그저 나그네처럼 왔다가 허무하게 가는 인생이 되어서는 안 되기에 하루의 가치가 얼마나 소중한 지를 깨닫는다. 어둠을 비추던 주위의 찬란한 불빛들이 하나 둘씩 꺼지고 어둠 속에 적막이 흐른다. 그럴수록 나만의 공간을 만들고 그 공간 속에 나를 몰입해 본다. 이때만은 나와 저편에 동이 트기 전까지 밤새도록 어둠에 한줄기 빛을 밝히는 가로등이 나와 함께 하고 있다는 동질감을 느낀다. 하루의 마감과 같이 우리 삶의 마감도 반드시 맞이한다. 그러나 그 날은 아무도 모른다.

마감이란, 말 그대로 어떤 일의 정해진 기한이 끝난다는 뜻이다. 마감이 어떤 일의 결과를 나타내고 끝나는 현상이라면 우리 삶의 마감의 결과는 어떤 모습일지 연상해 보기도 한다. 하루를 마감하면서 되돌아봄을 통해 새로운 내일을 만든다. 새로운 내일을 쌓도록 하나님께서 인도해 주실 것이다. 감사한 것은 우리는 망각의 생명체이다. 그러기에 기쁨도, 슬픔도 잠시 뿐이지 시간이 흐르면 잊어버린다. 슬픔과 허무와 공허감을 잊기에 내일이라는 새로운 희망을 갖고 살아간다.

나에게 주어진 길을 가겠다. 잠언 4장 27절 "좌로나 우로나 치우치지 말고 네 발을 악에서 떠나게 하라."는 말씀과 같이 좌로나 우로나 치우치지 않는 정도(正道)를 걷겠노라고 오늘을 마무리 하면서 다짐한다. 내일을 기약하며 뜨는 해에 큰 뜻을 담아보고, 상큼하게 부는 바람에 힘찬 기운을 느낀다. 살아 있다는 것은 축복이다. 온 세상에 미약하지만 뜻을 펼치고 쉼 없는 기운으로 힘차게 내달리고 싶다. 어느 덧 여명을 살포시 드러내며 비추는 아침 햇살의 포근함을 기대하며 지나간 하루를 감사하게 보낸다.

마태복음 11장 28절 "수고하고 무거운 짐 진 자들아 다 내게로 오라 내가 너희를 쉬게 하리라."라는 말씀을 새김질하며, 안식과 평안을 얻고 마음의 위로를 받으면서 하루를 마감한다.

변 화

*

변화란 사물의 모양이나 성질이 바뀌어 달라진다고 정의한다. 간단히 말하자면, 바뀌고 변한다는 뜻이다.

자연현상의 대표적 변화로 계절이 변한다. 만물이 소생, 약동하는 봄이 무더운 여름으로, 오곡백화의 결실이자 추수의 계절인 가을, 그리고 동장군과 세상을 하얗게 덮는 눈의 계절 겨울이 반복되어 바뀐다. 낮과 밤의 변화도 있고, 밀물과 썰물의 변화도 있다. 한편 자연의 힘(풍력, 수력, 태양광, 조력, 지열 등)이 전기 동력으로 변하고 전기를 사용하는 데에는 저항으로 인해 열이 발생하는 물리적 변화도 있다. 액체인 물이 섭씨 100℃ 이상으로 끓게 되면 기체인 수증기로 변하고(기화현상), 반대로 수증기를 식혀 열을 방출시키면 액체인 물로 다시 바뀌는(액화현상) 물질의 상태변화는 화학적 변화이다. 또한 수소와 산소가 2:1 비율로 결합하면 물(H_2O)이 되는 현상도 대표적인 화학적 변화이다. 이러한 변화는 우리가 사는 자연에서 수없이 많이 일어나고 발생하므로 소위 자연현상이라고 말한다. 자연현상은 질서정연하게 일정한 법칙과 규칙을 가지고 작동하는 메커니즘(시스템)

이다. 우리가 인위적으로 자연현상의 법칙을 깨고 새로운 질서를 부여하여 파생시키는 메커니즘도 새로운 변화를 만든다.

세상에는 우리 머릿속의 지식으로 규명되지 못하고 해결되지 못한 변화도 너무나 많다. 이러한 예로는 지구 온난화 문제, 미세먼지 문제, 배기가스로 인한 오염 · 공해 문제, 암을 비롯한 육신을 괴롭히는 질병 문제 등 지금도 일어나고 있지만 앞으로도 예기치 못하게 발생되는 이루 열거하기 어려울 정도의 많은 변화도 있을 것이다. 화제를 변화의 주체가 되기도 하고 객체가 되는 '우리'에게로 돌려 보자.

우리는 소위 만물의 영장이라고 한다. 즉, 영적인 존재이다. 육신의 형체는 어느 생명체나 갖추고 있다. 단지 모양, 구조, 기능상 특징과 특성이 다를 뿐이다. 인간처럼 사고하고, 판단하고, 비교하고, 조합하고, 종합하고, 응용하여 새로운 것을 만들어 내는 창조적 생명체는 없다. 영적 존재는 또한 지혜(wisdom)를 갖고 있다. 지혜는 예지(叡智)이고, 영감(inspiration)이자 통찰력(insight)이다.

지혜와 지식은 다르다. 지식(knowledge)은 학습과 교훈과 경험에 의해 기억되고 저장되어 두뇌에 축적되는 데이터(data, 자료)이다. 기계적 심층, 반복학습에 의해 컴퓨터의 CPU(Central Processing Unit, 중앙처리장치)에 계속해 축적되는 것과 같다. 지식은 시대의 변화에 따라 바뀔 수 있다. 새로운 이론이나 학설, 과학적 해석이나 실험 등으로 기존의 지식들이 대체되거나 수정되거나 폐기되거나 변경될 수가 있다. 그러나 지혜는 그렇지 않다. 지혜는 영이 다스리기에 지혜는 영의 성숙으로 좀 더 높은 수준으로 계발되어 고차원화 된다. 지혜의 영이 깊을수록 지식의 범위도 넓어지고 지식의 수준도 깊어진다.

　역사란 과거와 현재를 연결하는 대화이다. 지식과 지혜에 따라 역사를 보는 관점도 변한다. 지식의 프레임에서 조명한다면 유사하겠지만, 지혜의 관점에서는 여러 가지 시각으로 다른 각도, 입장에서 고찰할 수가 있다. 지혜의 영이 기존의 단단하게 박혀있던 프레임인 고정관념을 깰 수가 있다.

　지식과 동행하면서 공존하고 있는 진리는 다른 속성(屬性, attribute)이다. 진리(truth)는 말 그대로 시대가 바뀌고 환경이 바뀌고 개벽이 된다고 할지라도 바뀌지 않는 불변의 지식이다. 그리고 진리를 보는 눈은 하나님으로부터 오는 지혜이다. 진리를 바로 보고, 진리를 읽고, 진리를 귀담아 들으며, 진리를 마음에 새기며, 진리를 올바르게 말하는 것도 지혜이다. 따라서 지식을 구하는 것도 중요하지만 진리를 구하는 것이 더욱 중요하다.

　성경에서는 마태복음 22장 16절 "진리로 하나님의 도를 가르치시며"

　디모데전서 2장 4절 "하나님은 모든 사람이 구원을 받으며 진리를 아는데 이르기를 원하시느니라."

　요한복음 14장 17절 "예수 그리스도는 진리의 영이라."

　요한복음 8장 32절 "진리를 알지니 진리가 너희를 자유롭게 하리라."라고 기록하고 있다.

　종교에서의 믿음(faith)은 확실하고 확고부동하게 진리를 받아들이기에 흔들림이 없다. 여러 가지 종교가 있고, 신실한 믿음을 갖는 많은 신앙인이 있다. 종교는 영의 원천이고 우리 삶의 후견이자 버팀목이다. 우리는 이 세상에 태어나서 반드시 죽음을 맞이한다. 거스를 수 없는 진리이자 숙명이기에 그저 받아들인다. 세월이 흐르면 노화되어 늙는 변화는 당연하기에 어쩔 수 없이 순응하고 살아간다. 그렇지만 세월에 따른 육신의 변화에 대응하고 순응하는 과정과 내용은 각자가 또 다르다.

요한복음 3장 1~15절에서 언급하는 니고데모는 당시 71명으로 구성된 유대 최고의결기관인 산헤드린(Sanhedrin)공회의 공회원, 바리새파 율법학자로 매우 영향력 있는 유대인의 지도자였지만 한밤중에 예수님을 찾아와 거듭남(rebirth)의 체험을 통하여 새로운 삶을 얻었다. 새로운 삶을 얻는 것도 지혜이다. 인생은 선택의 결과이다. 인생의 변화도 선택에 의해 좌우된다. 그래서 올바른 선택이었는지, 잘못된 선택이었는지는 당장 알 수는 없지만, 중요한 것은 시시각각 어떻게 선택하는 것이 최상의, 최선의 선택인가를 판단하는 것이다. 그 판단은 하나님께서 우리에게 주시는 지혜로 정해진다.

진리를 간구하며 진리가 우리를 자유케 하는 인생 여정이 되었으면 한다. 더불어 우리에게 임하는 지혜의 영을 충분히 공급받아 지혜의 영을 활짝 열고 지혜의 눈으로 세상을 새롭게 보는 시야를 가졌으면 한다. 이것이 영적인 변화이다. 세상은 변화한다. 그것도 아주 빠르게 변화한다. 영적인 변화가 더욱 필요한 이유이기도 하다.

우리에게 던지는
역사란 무엇인가

*

영국의 정치학자 · 역사가인 에드워드 카(E. H. Carr, 1892~1982년)의 역저인 '역사란 무엇인가?'는 역사에 대해 잘 서술하고 있다. 역사철학은 과거 그 자체에 관한 것이라거나 과거 그 자체에 대한 역사가의 사유(思惟)에 관한 것이 아니라 상호 관련되는 그 두 가지에 관한 것이다. 그래서 역사가가 연구하는 과거는 죽은 과거가 아니라, 어떤 의미에서는 현재에도 여전히 살아 있는 과거이다. 에드워드 카는 '역사란 무엇인가?'라는 질문에 대하여 '역사란 역사가와 사실들의 지속적인 상호작용의 과정, 현재와 과거의 끊임없는 대화라는 것'이라는 함축적인 답변을 내놓았다.

우리 소시민에게 있어 역사의 의미를 다시 생각하고자 한다. 역사란 인간사(人間事)를 기록한 거대한 흐름이다. 물줄기라고 할 수 있다. 역사는 과거와 현재의 연결고리이며 다리다. 심지어 역사는 과거와 현재의 대화라고까지 한다. 역사를 기록한 주체도 인간이고, 대상이 되는 객체도 인간이다. 그런데 관점을 어디에 두느냐는 기록자의 입장에 좌우된다. 그리고 내용도 삭제, 추가, 미화, 대체, 왜곡될 수가 있다는 허점이 있다. 정확한 역사 기록이냐를 두고 학계에서는 아직도 논쟁이 치열한 경우가 많다. 역사는 가진 자 즉 기득권의 기록이라고 말하는 사람들도 있다. 하지만 기록은 죽은 자와 산 자를 연결하는 대화 창구일 따름이다. 그것이 정(正)이든 부(否)이든 간에. 물론 역사의 사안마다 기록의 가치가 다르고, 경중이 다르다. 사실뿐 아니라 왜곡도 있을 것이다. 역사의 반복과 교훈을 통해 역사를 바로 안다면 다행이다. 역사의 공정을 바로 세우는 것도 시대적 사명이다.

역사의 순기능은 과거의 반성을 통해 오늘 현재를 돌아보고, 개선을 통하여 새롭게 더 나은 미래를 만들어 가는 것이다. 과거를 기억하고, 반성하면서 책임을 지는 것이 현재를 사는 우리가 할 일이다. 역사에는 가해자와 피해자가 존재한다. 또한 역사에는 득과 해가 병행한다. 역사에는 주류와 비주류 심지어는 무명씨와 같은 이름 없는 자들도 존재한다. 역사는 사실을 직시해야 하는 시시비비의 철저한 고증이다. 그래서 명확하고 정확하게 구체적으로 객관적 사실과 실체의 기록이 되어야만 한다. 그런데 혹자들이 말하다시피, 역사란 승자의 기록이며 전유물일까? 기록된, 기록하고 있는 역사의 이면에는 패자를 비롯한 대중들의 억울함과 알려지지 않고, 알 수도 없는 구구절절한 사연들이 스며들어 있지는 않을까? 과연 얼마나 객관적이고 사실적이며 양심적인 평가이었을까 하는 의구심이 든다.

기록하는 역사는 얼마나 진실할까? 기억하는 역사는 얼마나 사실일까? 화두를 던져 본다.

분명한 것은 기록자의 교조적 관점, 이념적 관점, 사상적 관념에서 주흐름뿐만 아니라 부흐름이 추가되어졌기에 절대적으로 사실이라고 할 수는 없다는 것이다. 어떤 내용이 사실이고, 어떤 내용이 사실이 아닌 지는 오직 신만이 알 수 있다.

역사의 본질이란 현재와 과거와 미래를 향한 끊임없는 대화이자 상호작용이다. 역사의 사실과 진실을 추구하면서 잘못이 반복되지 않도록 과거를 알고 기억하고 이해함으로써 책임질 일은 지자는 것이다. 반성할 것은 깨끗이 반성하고, 회개할 것은 확실히 회개하여 미래의 올바른 방향을 찾고 추구해 나아가는 것이다. 역사의 주체가 되고 한편으로 대상이 되는 인간의 더 나은 미래를 만들어 가자는 것이다. 평화, 화평, 번영을 이루는 글로벌 인류애의 공동체를 만들어 가는, 희망의 미래를 지향하는 역사의 기록이 전개되었으면 한다.

미래를 예측하며
_다가 올 미래를 대비하라

*

미래학자들과 과학자들은 현재의 과학기술 수준과 발전 속도를 기준으로 다가올 미래 문명과 환경을 예측한다. 특히 SF(Science Fiction) 장르인 공상과학 소설이나 공상과학 영화는 우리에게 큰 영감과 감동을 준다. 2002년 개봉되어 반향을 일으킨 스티븐 스필버그 감독, 톰 크루즈 주연의 '마이너리티 리포트(Minority Report)'는 대표적인 SF 영화로 줄거리는 다음과 같다.

2054년 워싱턴, 범죄가 일어나기 전 범죄를 예측해 범죄자를 처단하는 최첨단 치안 시스템 프리크라임(pre-crime)은 시민들의 안전을 지켜주는 든든한 존재이다. 프리크라임은 범죄가 일어날 시간과 장소, 범행을 저지를 사람을 미리 예측해내고, 이를 바탕으로 미래의 범죄자들을 체포한다. 프리크라임 팀장인 존 앤더튼은 천부적인 감각으로 미래의 범죄자를 추적해내는 능력을 인정받고 있다. 그가 프리크라임에 최대한의 열정을 기울이는 것은, 6년 전 자신의 아들을 잃은 아픈 기억을 다른 사람에게만은 물려주고 싶지 않기 때문이다.

미래에는 인공지능(AI) 컴퓨터 시스템인 '프리크라임'이 범죄를 사전에 예측하여 잠재적 범죄자를 지목·처단하여, 완벽한 치안 사회를 구현한다는 내용이 핵심 줄거리이다.

그런데 영화에서나 가능하겠다고 여겨졌던 인공지능을 이용한 컴퓨터 시스템의 범죄 예측이란 상상이 곧 영국에서 현실이 된다고 한다. 인공지능 기반 예측 시스템을 개발하여 범죄를 미리 예측하며, 누가 범죄를 저지를지를 예측하는 시스템을 목표로 하고 있다. 현재 영국 경찰이 개발 중인 범죄 예측 시스템은 앨런 튜링 연구소가 개발 중인 영국 NDAS(National Data Analytics Solution, 전국 데이터 분석 시스템)로 인공지능을 활용해 범죄의 발생 가능성을 예측해 범죄를 원천 봉쇄하겠다는 의도이다. 2019년 3월 시범 운영을 시작했다. 인공지능을 기반으로 경찰 기록과 통계를 바탕으로 폭력 범죄의 위험이 있는 사람들을 찾아낼 것이다. 여기에는 심층기계학습(deep machine learning)이 범죄기록 및 검색 기록, 보관 기록, 실종자 보고서 등 다양한 지역 및 국가 경찰 데이터베이스를 분석하는 데 사용될 예정이다. 특히, 그것은 총기나 무기에 의한 범죄의 희생자가 될 위험이 있는 사람들과 희생자가 될 수 있는 사람들을 식별하기 위한 것이다. 물론 윤리적인 문제도 수반되겠지만, 전 세계의 경찰들은 끊임없이 변하고 점점 더 복잡해지는 범죄 환경을 다루고 있다. 그래서 늘어가는 끔찍한 범죄에 대응하는 그들의 업무를 더 쉽게 해결할 수 있다는 방법들은 매력적으로 보일 것이다.

사회는 급속도로 변한다. 과학기술의 발전으로 그것도 매우 빠른 속도로 변한다. 상상 속에만 있던 것들이 현실화되었고, 그대로 되고 있다. 소위 초격차 기술, 퀀텀 점프(quantum jump)—물리학 용어로, 양자세계에서 양자가 어떤 단계에서 다음단계로 갈 때 단계의 차이만큼 뛰어오르는 현상을 뜻하는 말이다. 즉 어떤 일이 연속적으로 조금씩 발전하는 것이 아니라 계단을 뛰어 오르듯이 다음단계로 올라가는 것을 말한다. 즉 단계를 거치지 않는 대도약을 의미한다—, 수퍼(super, 초)도 모자라 울트라 수퍼(ultra super, 극초) 단어까지 등장하는 시대이다. 진보된 사람의 지식과 사고(思考), 지혜로 인해 예상했던 것보다 과학기술의 산출물이 빠르게 나온다.

영국의 소설가 조지 오웰(1903~1950년)의 소설 '1984년'에 나오는 독재자 '빅브라더(big brother)'는 정보의 독점과 감시를 통해 사람들을 통제하는 권력이다. 빅브라더는 긍정적인 의미에서는 선의의 목적을 가지고 사회를 돌보는 보호적 감시를 뜻하지만, 부정적 의미로는 정보의 독점을 통해 권력자들이 행하는 사회통제 수단을 뜻한다. 양면성을 가지고 있지만, 주로 부정적 뜻으로 많이 사용되고 있다.

현실로 방향을 바꾸어 보자. 우리 주위에는 범죄 예방을 위한 CCTV(Closed Circuit Television, 폐쇄 회로 텔레비전)라는 감시카메라가 도처에 설치되어 있다. 예전에 비해 이 감시카메라도 무척 지능화 되었다. 음성인식 기능까지 탑재된 지능형 감시카메라(intelligent CCTV)는 사람의 인상착의는 물론이고 얼굴 형체, 체형, 옷의 색상, 동선까지 트래킹(tracking, 추적)하여 감시하는 시대인 것이다. 지능형 감시카메라는 여러 융·복합된 최신 기술의 산물이다. 영상분석시스템, 범죄자 행동 패턴 인식, 카메라 자동 추적, 전자 지도 연계, 위치추적 알고리즘 및 매핑 지도, 빅데이터 등의 최첨단 기술을

CCTV에 접목하여 지능화된 시스템이 범죄 및 사고 현장을 과학적으로 감시하는 장비이다. 예를 들어, 화재로 앞을 분간할 수 없는 상황에서 사람이 있는 방향을 정확히 인지하여 인명 구조를 돕거나 수많은 인파가 몰린 공항에서 테러 용의자 얼굴을 인식하여 테러가 발생하기 전에 용의자를 검거하도록 하는 등 범죄 예방 및 범인 추적, 검거의 순기능을 한다. 그러나 한편으로는 지능형 감시카메라가 무작위로 우리의 사생활을 감시하고 추적하는 역기능으로 활용되어 인권침해의 소지가 될 수 있다. 궁극적으로 조지 오웰이 언급한 빅브라더와 같이 사회 통제 수단으로 악용할 수 있다는 우려도 나오고 있는 것이다. 여하튼 과학기술의 급격한 발달은 우리에게 순기능과 더불어 역기능도 제공한다.

또한 인간 수명이 연장되고 있다. 가늠하기 어려운 인간의 수명 연장만큼이나 정복하지 못하고 있는 분야에 대한 인간의 도전은 계속된다. 우리는 미래가 가져올 순기능에 대해 감사하는 마음을 가져야겠지만 분명한 것은 역기능에도 대비를 해야만 한다.

예레미야 29장 11절 "여호와의 말씀이니라 너희를 향한 나의 생각을 내가 아나니 평안이요 재앙이 아니니라 너희에게 미래와 희망을 주는 것이니라." 오늘도 어떤 일이 일어날지 모른다. 더군다나 내일은 물론 다가올 미래는 예측만 할 뿐이지, 오직 하나님의 손길과 섭리에 달려있다.

다가올 미래를 예측하며 희망의 미래를 맞이하기 위해 대비를 하는 지혜롭고 현명한 자가 미래를 개척하며 선도해 나갈 것이다.

반성의 미학

민족 시인 윤동주(1917~1945년)를 생각한다. 28세라는 너무나 짧은 삶을 살았지만 맑은 영혼으로 자아를 응시한 시인이라 일컫는다. 그의 대표적인 시집 '하늘과 바람과 별과 시(詩)'(1948년)에 수록되어 있는 서시(序詩)를 한 번 더 인용한다.

죽는 날까지 하늘을 우러러
한 점 부끄럼이 없기를,
잎새에 이는 바람에도
나는 괴로워했다.
별을 노래하는 마음으로
모든 죽어가는 것을 사랑해야지.
그리고 나에게 주어진 길을
걸어가야겠다.
오늘 밤에도 별이 바람에 스치운다.

참 아름답고 가슴을 여미는 주옥같은 시이다. 죽는 날까지 하늘을 우러러 한 점 부끄럼이 없기를 바라던 시인의 마음은 어땠을까? 여기에 조명하여 지금껏 우리는 진정 한 점 부끄럼이 없이 살아 왔는지를 반성해 본다. 반성이란 말 그대로 자기 언행에 대해 잘못이나 부족함이 없는지 돌이켜 보는 것이다. 반성의 궁극적인 목적은 진실한 자기성찰을 바탕으로 순수하고 참다운 인간의 본성을 되찾는 것이다. 반성은 불교에서 말하는 죄를 뉘우치고 용서를 구하는 수행법인 참회로 나타난다. 반성의 결과로 기독교에서는 회개로 나타난다. 회개는 이제까지의 잘못을 뉘우치고 용서받는 것과 적극적으로 선을 행한다는 이중의 의미를 지닌다. 구약성경의 용어로는 나캄(뉘우친다)과 슈브(돌아선다)가 있고 신약성경의 용어로는 메타노이아(마음의 변화)와 에피스트로페(행동의 변화)가 있다. 즉, 회개한 사람은 죄악된 삶을 벗어버리고 성령에 의한 변화된 새로운 삶을 살아가는 것이다(로마서 12장 1~2절).

그냥 반성으로만 끝나서는 안된다. 반성은 잘못된 것에 대한 후회이며 성찰이기에 회개와 참회를 통해 반드시 실천이 뒤따라야 한다. 하나님의 아름다운 창조물인 사람이 고귀한 것은 자기를 돌아볼 줄 아는 반성이 있기 때문이다. 반성할 줄 모르거나 반성을 하지 않는다면 어찌 사람으로서의 역할을 할 수 있겠는가? 반문해 본다.

반성의 목적은 자신을 돌아봄으로써 과거의 잘못을 올바른 것으로 바꾸고 오늘과 내일을 개선시키는 데 있다. 진정한 반성으로 거듭남의 역사가 일어났으면 한다.

굴 곡

*

우리는 인생을 살아가는 데 서로 다른 길을 걷는다. 그리고 여러 종류의 길을 만난다. 편평하고 잘 포장되어 걷기에 편한 순로(順路)도 만나고 한편으로 울퉁불퉁하고 움푹 파여 있기도 하고 돌부리가 많은 험로(險路)도 만난다. 험로에는 길이 끊겨있거나 경사가 가파르고 골짜기도 깊은 더 험한 곳도 있다. 또한 곧장 뻗은 길도 있는 반면에 굽이굽이 도는 굴곡된 길도 있다. 우리 인생도 마찬가지다. 살다보면 한 번도 가본 적이 없기에 시행착오를 반드시 경험하게 된다. 같은 시대에 살아도 출발선인 시점이 같을지라도 결승선인 종점에 다다르는 과정은 전혀 다르다. 직선도 있겠고, 규칙적인 곡선도 있겠고, 자유로운 자유곡선 등 여러 경로가 있을 것이다.

창조물 중 가장 빠른 물질은 빛이다. 빛이란 광선은 입자이면서 진동을 하는 파동의 성질을 갖는다. 빛도 어느 물체에 부딪히면 회절(回折)현상이 생긴다. 회절이란 파동이 장애물이나 좁은 틈을 통과할 때 그 뒤편까지 파가 전달되는 현상이다. 마찬가지로 우리들도 어떤 난관이나 시련에 부딪히면 그 충격은 엄청나다. 큰 파장은 물론이고 파장의 여파가 뒤따른다. 이것을 굴곡된 삶으로 표현하고 싶다. 굴곡(屈曲)이란 이리저리 굽어 꺾여 있다는 뜻이다. '그는 굴곡된 삶을 살았다', '그의 인생은 굴곡이 심했다'라는 말을 종종 얘기하곤 한다. 사람이 살아가면서 잘 되거나 잘 안 되거나 하는 일이 번갈아 나타나 변동이 있는 삶을 살았다는 의미이다. 역사도 굴곡이 있다. 이를 우리는 굴곡된 역사라고 부른다.

굴곡된 삶을 생각할 때 고사성어 구절양장(九折羊腸)이 떠오른다. 구절양장은 아홉 번 꺾인 양의 창자처럼 꼬불꼬불하고 험한 산길을 말한다. 세상이 복잡하여 살아가기 어려움을 나타내는 말로 쓰인다.

세상은 지금 변해도 너무 빠르게 변하고 있다. 세월의 빠름을 일컫는 광음여시(光陰如矢)는 세월이 화살과 같다는 말이다. 시간의 흐름이 무척 빠르게 쏜살같이 흘러간다. 여기에 변화도 너무 빠르기에 도대체 걷잡을 수가 없다. 그 변화의 상승효과로 인해 준비하기도 대응하기도 벅차다. 어떻게 알지도 못하고 눈에 보이지도 않는 미래를 대비할 수가 있겠는가? 인생에 있어 굴곡은 직선에 비하여 거칠고 황폐한 광야이기에 시간의 허비와 기회의 손실을 초래한다. 따라서 변화에 발맞추어 부단히 교육, 훈련과 자기계발이 필요하며 요구되고 있다. 불필요한 굴곡을 최소화 하였으면 한다.

인생이란 변화무쌍한 다양성을 갖는 굴곡이다. 일관되게 직행이고 순로이면 얼마나 좋으련만 그렇지만은 않다. 그리고 선택의 순간도 있기 마련이다. 평탄한 순로가 아닌 험로나 굴곡을 만났을 때 리스크와 어려움을 무릅쓰고 직행을 할지, 아니면 시간이 걸리더라도 돌아가야 할지는 우리의 판단과 분별에 있다. 복음성가 '내일 일은 난 몰라요'의 노랫말을 음미하며 지혜를 구해본다.

내일 일은 난 몰라요 하루 하루 살아요.
불행이나 요행함도 내 뜻대로 못해요.
험한 이 길 가고가도 끝은 없고 곤해요.
주님 예수 팔 내미사 내 손 잡아 주소서.
내일 일은 난 몰라요. 장래 일도 몰라요.
아버지여 날 붙드사 평탄한 길 주옵소서.

칭 찬

*

켄 블랜차드 등이 저술 2002년에 출간하여 베스트셀러가 된 '칭찬은 고래도 춤추게 한다'는 책 내용을 정리하면 다음과 같다.

살다보면 인간관계로 많은 고민을 하는 사람들이 많다. 누구나 인간관계에서 긍정적 관심과 칭찬 그리고 격려가 중요하다고 생각한다. 그러나 실제로 가정과 직장의 일상생활에서 다른 사람에 대해 긍정적 관심을 가지고 지속적으로 칭찬과 격려를 하는 사람은 드물다. 오히려 우리 삶은 타인에 대한 무관심과 부정적 반응으로 둘러싸여 있다. 잘 생각해 보면 많은 사람들이 가정과 직장에서 다른 사람들이 일을 잘하고 있을 때는 무관심하다가 잘못된 일이 생겼을 때만 흥분하고 질책한다. 이 책에서는 그러한 부정적 반응을 '뒤통수치기 반응'이라고 말한다. 사람들이 실수를 저지를 때 뒤통수를 치듯 반응한다는 의미이다. '뒤통수치기 반응'에 둘러싸인 환경에서는 결코 사람들이 최선을 다하지도 않고 열정을 바치지도 않는다.

구구절절이 맞는 말이다. 우리는 칭찬과 격려에 너무 인색하다. 더구나 한국 사회는 유교사상과 그 수직적 권위와 위계질서의 문화라는 기저로 인해 근엄과 품위를 강조하여 왔기에 구성원 간의 원만한 소통에 필요한 칭찬에 익숙하지 못한 영향을 받아 왔다. 오히려 대놓고 칭찬을 하면 쑥스러운 문화이다. '칭찬은 고래도 춤추게 한다'에서는 다음을 강조하고 있다.

긍정적인 것을 강조하라.
잘한 일에 초점을 맞춰라.
벌을 주지 말고 시간을 주어라.
무관심이 최대의 적이다.
과정을 칭찬하라.
동기부여는 스스로 하도록 만들어라.
인적 네트워크(network)인 인간관계가 최고의 경쟁력이다.
일에 대한 보상보다 재미가 중요하다.
가끔은 스스로를 칭찬하라.
칭찬은 결코 배신하지 않는다.

인간 경영과 자기계발 분야 최고 작가 데일 카네기(Dale Carnegie, 1888~1955년)는 "인간성에 있어서 가장 심오한 원칙은 다른 사람으로부터 인정받고자 하는 갈망이다. 인간은 다른 사람에게 인정받고 싶은 마음이 아주 강하다. 칭찬을 싫어하는 사람은 없을 것이다. 칭찬은 더 큰 긍정적인 결과를 가져온다."고 했다.

그런데 칭찬은 적재적소에 맞게 해야 하고 타이밍도 중요하다. 칭찬의 내용이 격려에 초점을 맞추는 것이 더 좋을 때도 있다. 같은 칭찬을 되풀이해서 한다면, 식상하게 느껴지면서 칭찬의 효과가 줄어들게 된다. 빈말이 되어 가식적으로까지 느껴지게 하는 역효과도 일어날 수 있다. 특히 칭찬과 혼동될 수 있는 아첨은 진실성도 없어 조심해야 한다.

칭찬은 따뜻한 말 한마디로도 힘이 되고 격려가 된다. 우리는 현재 1,000만 마리가 넘는 반려견과 같이 생활하고 있다. 핵가족 시대에 진입해 반려동물(伴侶動物, companion animal, 인간과 더불어 살아가는 동물)을 가족 같이 여긴다. 그 중 반려동물로 가장 인기 있는 동물은 인간과 가장 가까운 동물인 개, 즉 반려견이다. 동반하며 살아가고 있는 동물에게도 칭찬의 효과는 있다. 칭찬이나 격려가 동물에 미치는 긍정적인 효과의 한 예를 살펴보자. 애견훈련소에서 개를 훈련시키는 경우 개가 주어진 목표를 무난히 수행하면 쓰다듬어 주면서 맛있는 간식을 보상으로 준다. 그러나 달성하지 못한 경우는 혼내면서 제재나 벌칙을 가한다. 벌칙보다는 목표를 성취했을 때 칭찬이나 격려로 보답하는 것이 보다 바람직한 결과를 나타냈다는 것이다.

칭찬은 우리의 자아를 존중하는 자존감을 높여준다. 칭찬은 긍정적인 사고방식을 길러준다. 칭찬은 타인이 자기에게 관심을 갖고 있으며, 사랑받는다고 느끼게 해준다. 칭찬은 스스로를 괜찮고, 그런대로 능력 있는 사람이라고 생각하게 해준다. 칭찬은 그래서 마음을 춤추게 하여 적극적인 행동으로 나타나 더 좋은 결과를 낳는다. 사회적 관계를 맺기 위해 칭찬과 격려가 한 방편이 되어 소통하는 능력은 현대인들에게 없어서는 안 될 중요한 수단이다.

말이란 그 사람의 인격을 밖으로 표현하는 가장 직접적이며 보편적인 행위이다. 그러므로 뱉어내는 말 한마디는 상대방에게 자신의 본 모습을 보여주는 것이다. 말 중에 칭찬 또한 그 사람의 인성을 보여 준다. 칭찬은 단지, 입술을 통하여 마음에서 우러나오면 된다. 칭찬이 진심에서 우러나온다면 그 자세와 뉘앙스에도 진실성이 묻어나올 것이다. 아주 쉬운, 그저 말의 표현인 칭찬은 상대방에 대한 격려가 된다. 용기도 주고 고무시켜 주어 개인이든 그 개인이 속한 사회이든 더 좋은 효과를 갖게 한다.

심리학에서 언급하는 '로젠탈 효과(Rosenthal effect)'는 칭찬의 힘을 보여주는 대표적인 실험이다. 칭찬의 힘이란 긍정의 힘이자 효과라고 말할 수 있다.

미국 하버드대 심리학과 로젠탈 교수는 1968년 캘리포니아주 샌프란시스코 한 초등학교 교장 선생님인 야곱슨(Jacobson)과 함께 초등학교 학생들을 대상으로 실험을 진행하였다. 먼저 전교생의 지능지수(IQ)를 검사한 후, 그 결과에 관계없이 무작위로 학생 중 20%를 뽑아 담임선생님에게 이 아이들은 특별히 지능지수가 높으니 학업 성취 향상 가능성이 매우 높을 것이라고 믿게 했다. 8개월 후 다시 지능검사를 해 보았더니 20%에 선발되었던 학생들은 실험 전 지능지수와는 상관없이 다른 학생들보다 지능지수가 높게 나왔고 학업 능력도 더 높았다. 당연히 성적이 향상된 것은 말할 나위도 없다. 교사의 칭찬과 기대가 학생들의 성적을 향상시킨 것이다. 칭찬이 일상의 사회생활 뿐 아니라 학업에서도 얼마나 중요한지 증명한 실험이다. 이는 칭찬이 뇌에 활력을 주어 지적능력을 향상시킨 결과라고 생각한다.

칭찬에서는 결과도 중요하지만 과정도 중요하다. 믿음과 신뢰를 담은 칭찬이 필요하다. 성경은 말한다. 칭찬을 주면서도 한편으로 칭찬을 받을 만한 자격, 자질을 구하라고.

빌립보서 4장 8절 "무엇에든지 칭찬 받을 만하며"

고린도후서 10장 18절 "옳다 인정함을 받는 자는 자기를 칭찬하는 자가 아니요 오직 주께서 칭찬하시는 자니라."

고린도전서 4장 5절 "각 사람에게 하나님으로부터 칭찬이 있으리라."

로마서 14장 18절 "이로써 그리스도를 섬기는 자는 하나님을 기쁘시게 하며 사람에게도 칭찬을 받느니라."

사도행전 6장 3절은 성령과 지혜가 충만하여 칭찬을 받는 일곱을 택하여 그들에게 초대 교회 사역을 맡기셨다고 기록하고 있다.

칭찬은 우리를 육적으로나 영적으로 춤추도록 동(動)하게 한다. 칭찬을 받는 여러분이 되시길 끊임없이 성원한다. 그러나 끊임없이 칭찬받기를 당연시 여기는 자만도 경계해야 하며 하나님 말씀에 비추어 칭찬받는 삶이 되도록 그 도우심을 간구하고 싶다.

잠언 16장 23절 말씀 "지혜로운 자의 마음은 그의 입을 슬기롭게 하고 또 그의 입술에 지식을 더하느니라."

그리고 칭찬을 받기를 원하면 먼저 칭찬하기를 권하라.

기다림의 미덕

*

일상생활은 바쁘다. 모든 사람이 바쁘게 움직인다. 빨리빨리 문화에 익숙한 지도 오래다. 속도가 중시되는 현대 사회에서 우리는 살아가고 있다. 따라서 주변 삶에서 경쟁도 치열하다. 이른바 생존경쟁이다.

영국의 생물학자, 대표적 진화론자인 찰스 다윈(Darwin, 1809~1882년)은 '종의 기원'을 통해 "모든 종은 변화한다. 환경이 돌연변이를 일으킨다. 그리고 오직 강한 것만이 살아남는다."고 주장했다. 그야말로 우리는 약육강식(弱肉强食)의 시대에 살고 있다고 해도 과언은 아니다. 약한 자가 강한 자에게 먹힌다는 뜻으로 소위 '정글의 법칙'을 의미한다. 더불어 적자생존이 비슷한 의미로 사용된다. 적자생존(適者生存, Survival of the fittest)은 1864년 영국의 철학자인 허버트 스펜서(Spencer, 1820~1903년)의 'Principles of Biology'에서 인간들의 사회적 생존경쟁의 원리를 함축시킨 사회·철학 용어로 처음으로 사용되었다. 이 용어는 찰스 다윈에 의해 생물체나 집단체의 다양한 환경 적응력이 높을수록 오래 살아남는다는 의미를 가진 진화론 영역의 과학 용어로 그 뜻이 더 확고하게 발전되었다. 그것은 그의 저서인 '종의 기원'에서 잘 나타났으며 자연선택 이론에도 큰 영향을 미쳤다.

이렇듯 속도가 중시되며 정글의 법칙이 적용되는 치열한 삶의 현장은 삶을 버겁게 만든다. 때로는 다람쥐 쳇바퀴 돌듯 앞으로 나아가거나 발전하지 못하고 제자리걸음만 하면서 정신없이 허겁지겁 살아간다.

여기서 거꾸로 생각해 보는 역설적 생각을 해보도록 하자. 그것은 기다림이다. 기다림이란 단어는 그리 익숙하지가 못하다. 어떻게 빠듯하고 바쁜 시대에 사는 우리에게 기다림이란 말인가? 기다림이란 '여유'를 갖자는 것이다. 어떤 의미에서는 하고 있는 일의 흐름을 잠시 멈추자는 것이다. 아예 내가 얽매인 것에서 잠시 시간이 흐르는 대로 놓아주자는 것이다. 그동안 무료하게 흘러갔던 세계에서 '진짜 나'를 끄집어내어 마주하고 대화를 하자는 것이다. 그래서 기다림은 생각하는 여유이다. 성찰하는 여유이다. 나를 돌아보고 되짚어 보면서 두려움을 설렘으로, 눈물을 환희로, 절망을 희망으로, 희미함을 뚜렷한 존재감으로 환원시키는 일종의 마법에 빠지는 나만의 시간이다. 기다림은 또한 우회이다. 시간은 걸리더라도 다른 길을 한번 살펴보고 경험함으로써 새로운 시각을 갖게 된다. 새로운 도전을 준비하는 나만의 생각하는 시간이다. 쉼표(,)로 우회하는 미덕도 가져봄직하다.

트로트 가수 박일준의 '한 박자 쉬고'란 노래의 가사말 '지치면 한 박자 쉬고, 힘들면 두 박자 쉬고'와 같이 기다림은 '쉼'이다. 지친 심신을 피로에서 회복시키고 충전을 시켜주는 휴식이다. 대학교수, 기독교 목회자, 일부 직장에서는 안식년이란 휴지기를 갖는다. 안식년 (sabbath year, 풀어줌·해방)이란 구약성경에서 유대교인들이 유대교 율법에 의해 일주일 가운데 7일째를 안식일로 정하여 쉬는 것처럼 7년 만에 1년씩 모든 일을 내려놓고 쉬는 휴식년을 갖는 것을 말한다.

기다림에는 무조건적인 조급함을 지양하고, 일의 우선순위를 현명하게 판단하여 우선적으로 해야 할 것과 차근차근 장·단기적으로 시간을 갖고 확실하게 일을 완성해 갈 것을 분별하는 지혜가 필요하다. '당장, 곧, 빨리 빨리, 서둘러서'가 능사는 아니다. 시간을 두고 숙고하여 진행하며 나가는 것도 확실한 결과를 위한 능사이다. 아무리 장대한 계획을 세우더라도 기다림의 미덕을 발휘하여 충분히 조사·검토·검증을 통해 실행에 옮겨야만 한다. 당장에 결과가 나타나지 않는다고 이득이 없다고 속단하여 일을 그르쳐서는 안 된다. 육적·심적 아픔을 가진 사람들이나 개인차를 지닌 자라나는 자녀들에게 그 치유나 성장 속도의 눈높이에 맞추어 기다리면서 돌보아 주는 것도 그 한 예이다.

기다린다는 것은 미루는 것이라고 혹평하는 사람도 있다. 미룬다는 것은 여러 핑계를 대며 지지부진한 것이다. 게으르고 나태하며 무책임의 발로(發露)이다. 변명이다. 변명이 지나치면 습관이 되어 항상 미루는 사람이라는 얘기도 듣는다. '아직은', '생각은 하고 있는데', '하지만' 등으로 표현된다. 기다림이, 그 바라는 것이 허망하고 그 과정이 게으르고 무책임하게 미루는 것이라면 기다림의 가치가 없다고 하겠다.

바쁜 삶의 마라톤에서 의미 있고 가치 있는, 뚜렷하고 확고한, 일관적인 경주를 하려면 새롭고 활력 있는 에너지의 보충이 요구된다. 이를 위해서는 잠시나마 공급받을(충전할) 멈춤이 필요하다. 이것이 기다림이다.

기다림의 삶, 여유를 갖는 삶, 빠른 속도에 쉼표를 갖는 삶, 반 박자 또는 한 박자 쉬는 삶을 간과해서는 안 된다. 삶에 있어 충전하는 휴식기가 반드시 필요하다. 재도약을 위한 휴식기·휴지기를 통해 기다림은 우리에게 새로운 기회를 제공할 것이다.

야고보서 5장 7절 "농부가 귀한 열매를 바라고 길이 참아 이른 비와 늦은 비를 기다리는 것처럼"

갈라디아서 5장 5절 "우리가 성령으로 말씀을 좇아 의와 소망을 기다리노니"

예레미야애가 3장 26절 "사람이 여호와의 구원을 바라고 잠잠히 기다림이 좋도다."를 기억하며.

감 동

우리는 세상적으로 출세한 자, 명예를 가진 자, 권력을 가진 자, 부를 축적한 자들을 미화하며 성공한 사람들을 표상으로 여기는 세태에 살고 있다. 그러나 역사는 굴러가는 수레바퀴이기에 평가는 현재가 아니라 후대에 이루어지는 평가가 진정한 평가이고, 소수가 아닌 대다수의 평가가 객관성을 갖는다.

2018년 12월 31일 삶을 마감한 한 분의 사연을 소개하고자 한다. 그 자체가 감동이다.

그는 젊어서 고난과 어려움을 이겨내고, 눈물겹게 얻은 재산을 사회에 기부하였다. 마지막으로 가는 길에 자신의 시신도 연구용으로 대학병원에 기증했다. 이름은 '황필성'이고, 별세한 나이는 71세이다. 7남매의 막내로 태어난 그는 찢어지는 가난 때문에 고등학교를 졸업한 뒤에도 대학을 진학하지 못하고 3년 동안 막노동과 우유배달을 했다. 군대에 다녀온 뒤에도 가난으로 못한 공부에 한이 맺혀 고교 졸업 8년만인 1973년 26세에 수원 소재의 아주대학교 기계공학과에 입학하여 프랑스 정부 장학금으로 국립과학응용연구소에서 공학

박사 학위를 받고 귀국하여 8년 동안 한국과학기술원(KAIST) 교수를 했다. 1992년 그는 교수직을 그만두고 생활정보지 '수원교차로'를 창업해 큰 성공을 거두고 엄청난 부를 취득했다. 2002년 아내와 두 딸을 설득해 모교인 아주대에 회사 주식의 90%(180억 원 상당)와 현금 10억 원을 시작으로 세상을 떠나기까지 평생 약 280억 원을 사회에 환원하였다. 더구나 24년 전인 1994년 7월 갓 개원했던 아주대 의료원에 1호로 시신 기증을 서약했던 것이다. 생전의 그의 지인들은 그가 '재산을 많이 가지면 오히려 정신이 부패한다며 아낌없이 베풀었던 분'이라고 말했다.

'호랑이는 죽어서 가죽을 남기고, 사람은 죽어서 이름을 남긴다'는 말이 새삼 떠오른다. 진정으로 우리를 감동시켰던 '황필성'이란 이름은 후대에 영원히 남을 것이다. 또한 그 감동이 계속 이어져 제2, 제3의 '황필성'과 같은 의로운 사람이 나왔으면 하는 바람을 가져본다.

자신을 높이지 않고, 묵묵히 이 세상을 보듬고 남을 위하여 베품과 섬김의 삶을 사신 그의 궤적은 소시민들에게 표상이 될 뿐만 아니라, 오늘날 탐욕에 찌든 자들에게 던지는 하나의 파동이 되었으면 한다.

정년 유감

정년(停年, retirement age)이란 직장에서 퇴직하도록 정해져 있는 나이를 말한다. 업무에서의 은퇴 나이라고도 한다. 정년을 하게 되면 그동안 그토록 열심히 살아왔던 여정이 홀가분하기도 하고 한편으로 서글퍼지기도 한다. 회한도 남는다. 그러나 정년을 맞아 은퇴를 해야만 새로운 일자리가 창출되고 젊은 세대가 그 자리를 메울 수 있다. 세월에 따른 선순환의 구조이다.

정년은 경제적 능력이 없다고 판단되는 일반적인 노인 기준인 65세를 기준으로 앞 나이에서 결정하는 것이 일반적이다. 농경 사회에서는 정년을 통한 은퇴가 없었으나, 19세기 산업화 이후 직업 정년이 생겨났다. 그리고 직업 정년에 따른 복지제도가 도입되면서 노인 개념도 생겨났다. 그런데 아이러니하게도 현재 고용, 복지, 연금, 건강보험 등 사회보장제도에 있어 혜택과 지원을 받는 노인 연령 기준이 그때그때 다르다는 것이다. 총론으로 보통 65세 이상이 사회보장이 포함된 복지 혜택의 대부분을 차지하지만, 각론으로는 보장되는 내용들이 65세를 기준으로 고무줄처럼 왔다 갔다 한다. 2019년 2월 21

일 대법원은 육체노동자의 가동연한(일을 하여 소득을 얻을 수 있는 최후 연령)을 기존 60세에서 65세로 보는 것이 맞다는 판결을 내렸다. 왜냐하면 의료기술의 발달로 평균 수명이 늘어났기 때문이다. 이에 따라 사회보장 혜택을 받는 노인 연령의 기준도 65세에서 70세로 늘려 노인 기준을 더 높여야 한다는 의견도 비등하다.

그러면 대부분의 일터에서 60~65세 정년을 규정하고 있는 제도도 사회 변화와 상황에 따라 바뀌어야 한다. 통계에 의하면 직장인들이 체감하고 있는 퇴직 연령은 천차만별이다. 공기업은 평균 53.1세, 대기업은 51.3세, 중소기업은 50.8세, 외국계 기업은 49.5세로 50세 전후에 머물렀다. 제도와 체감하는 것에 차이가 있다. 그리고 현실은 60~65세 정년을 채우고 명예롭게 은퇴하는 것이 녹록치 않다는 것을 보여주는 예이다.

한편으로 평균수명이 80세를 넘어서면서 조기 은퇴 걱정 없이 건강만 허락한다면 70세 이상까지 일할 수 있는 일터가 있다. 첫째는 종교인이다. 가톨릭 신부의 정년은 75세, 불교 스님은 70세, 개신교 목사는 70세이다. 가톨릭 교회법, 불교 종단법, 개신교 교단법이 내부 규정으로 정해 특별한 경우를 제외하고는 이를 지키고 있다. 이들은 정년을 맞아 은퇴 후에도 평생 원로로 대접을 받고 여생을 명예까지도 보장해 주는 경우가 많다. 심지어는 종신토록 수렴청정을 하며 영향력을 행사하고 사회적 물의를 야기시키고 있는 사례까지도 있으니.

둘째는 고위 공직자와 정치인이다. 대표적 고위 공직자인 대법원장, 대법관, 헌법재판소장, 헌법재판관, 감사원장은 정년이 70세다.

정치인은 임명을 받거나 당선이 되기만 하면 정년이 없다.

셋째는 기업인, 자영업자, 농수산 · 축산업자 등을 비롯한 자기가 직접 사업을 영위하여 소득을 얻는 사업자이다.

넷째는 변호사, 회계사, 변리사, 세무사, 의사, 약사, 법무사, 공인 중개사 등 국가자격증과 면허를 가지고 소득을 얻는 이들도 건강만 허락된다면 정년이 없다는 것이다.

그런데 분명한 차이점이 있다. 첫째와 둘째의 경우는 국민의 세금 또는 교인이나 신자의 헌금 · 봉헌, 시주 · 공양, 후원금 · 기부금 등을 통하여 급여를 받는 경우이고, 셋째와 넷째의 경우는 본인이 스스로 영리 사업을 통해 소득을 창출한다는 것이다.

65세를 노인의 기준으로 처음 정한 사람은 독일 철의 재상으로 불리는 비스마르크(1815~1898년)였다. 1889년 사상 최초로 연금보험 제도를 마련 · 도입하면서 연금지급 대상 연령을 65세 이상으로 한 것이다. 1950년 유엔도 고령지표를 내면서 비스마르크의 연금보험 제도를 참고하여 노인 기준을 65세로 정했다. 이것이 국제사회에서 통용되었고, 한국도 노인 기준을 65세로 정한 것이다.

세상은 산업고도화로 급속히 변하고 있다. 수명도 늘어나고, 삶의 질도 변한다. 그런데 작금의 고용 현실은 세상의 변화 속도에 비해 너무 뒤쳐진다. 대다수 사업장의 근로자 정년은 고용상 연령 차별 금지 및 고령자고용법에 따라 60세다. 이 때문에 평균수명 증가와 출산율 저하로 인한 인구절벽에 따른 생산인구 감소에 대처하려면 정년을 늦춰야 한다는 주장이 적지 않다. 그렇다고 당장 정년을 65세로 늘리면 기업 부담이 커지고 청년층의 취업기회가 줄어들어 일자리

갈등이 빚어질 수 있다. 세대갈등의 유발이 명확하다.

4차 산업혁명 본격화에 따른 직업군이 다변화가 되고 있다. 창의성에 의한 각양각색의 재능이 부각되는 시대이다. 직업별 유형이 새로 생기고, 없어지고, 대체되기도 하는 추세이다. 지금까지 없었던 혁신적인 새로운 비즈니스가 생겨난다. 생각지 못한 창의적 벤처기업이 태동하고 있다. 기업은 기술 혁신으로 새로운 일자리를 만들어 젊은 세대에게 더 많은 취업 기회를 제공해야 한다. 더 많은 일자리 창출만이 답이다. 일자리 창출이 많아지면 당연히 정년도 연장되고, 청년층에게도 취업 기회가 넓혀진다. 그것은 세대 간 갈등을 해결하는 실마리가 된다.

한편으로 각각의 직업군에서는 빠른 사회 변화를 반영할 수 있어야 한다. 영리를 따르는 사업자들의 능력이나 자질은 사람들의 선택이 시시각각 반영되어 영업이익으로 나타난다. 그러나 공직과 종교에 종사하는 지도자들에게서 국민이나 교인, 신자의 현실을 사회 변화에 맞추어 반영하는 속도나 정도는 실감하거나 검증하기가 어려운 경우가 대부분이다. 이런 경우에 그들의 정년이 지나치게 높게 보장되어 있다면 기존의 관행들이 사회 변화를 외면하는 불행으로 이어질 수 밖에 없다. 현 시대에 이들의 정년에 대한 준거는 무엇인가? 반문해 본다.

오래 고인 물들이 썩는 현상을 보게 된다. 너무 오래 머물면 내적·외적 영향으로 초심이 변하는 현상도 일어난다. 너무 나이 많아 구습과 오래된 학력으로 평생 우려먹는 추한 모습을 보이기도 한다. 공적인 지위에서 한계가 보이면 스스로 물러서는 것도 세대교체라는 선순환으로 청년취업의 기회를 제공할 수 있다. 박수칠 때, 박수 받을 때 떠나는 것은 존경스럽다. 새 시대를 위해 용퇴하는 모습도 보고 싶다. 진정으로 존경을 받는 그 모습이 그립다.

"너희는 공정한 저울을 쓸지니"(에스겔 45장 10절)

"새 포도주를 낡은 가죽 부대에 넣는 자가 없나니 만일 그렇게 하면 새 포도주가 부대를 터뜨려 포도주가 쏟아지고 부대도 버리게 되리라."(누가복음 5장 37절)

"새 포도주는 새 부대에 넣어야 할 것이니라."(누가복음 5장 38절)

인생 2막 그리고 3막(1)

_알파

*

평균 수명이 80세를 넘어서면서(2017년 한국 기준 82.7세) 조만간 100세 시대를 맞이한다. 세상은 산업 발전과 기술 고도화로 급속히 변하고 있다. 수명도 늘어나고, 삶의 질도 변한다.

은퇴 후 또는 자식을 다 키워놓은 중·장년층은 새로운 삶을 원한다. 새롭게 변화하고 싶고 이제껏 하지 못한 즐겁고 아름다운 인생을 살고 싶어 한다. 취미를 갖거나, 여행을 떠나거나, 배우지 못한 것을 배우는 일상적인 나름대로의 여유를 갖고 싶기도 하다. 어려움을 감내하고 새로운 도전을 시도하기도 한다. 100세 시대를 맞아 은퇴 후에 무엇을 할 것인가를 준비하고 대비해야 한다.

2015년 유엔은 80세 이상을 노인으로 하자는 제안을 했다. 세계 인류의 체질과 평균 수명을 측정한 결과를 토대로 연령 분류의 새로운 표준을 제시한 것이다. 유엔의 새로운 연령 구분에 의하면 18~65세는 일괄적으로 청년(youth)으로 분류하고, 66~79세 연령대는 중년(middle)이다. 80세가 넘어서야 비로소 노인(old)이 된다. 100세를 넘으면 장수 노인(longlived elderly)이라 칭한다. 맞는 말이다. 영국

BBC 방송에서 보도된 자료에 따르면 1276~1300년도를 기준으로 남성의 평균수명은 31.3세 정도였다고 한다. 70세를 가리키는 고희(古稀)라는 표현을 보자. 古(옛 고) 稀(드물 희)의 한자 용어이다. '예로부터 매우 드물다'라는 뜻으로 일흔 살을 가리키는 말이다. 당나라의 시인 두보(杜甫, 712~770년)가 곡강이수(曲江二首)라는 시에서 '인생칠십고래희(人生七十古來稀)'가 유래돼 전해져 오는 것이다. 얼마 전까지 해도 70세를 맞아 요란스럽게 잔치를 했지만, 요새는 사회적 현상이 변하여 식사 정도로 축하를 하면서 간단히 끝낸다. 이는 우리의 평균 수명이 늘어났기 때문이다.

행복해지려면 일을 해야 한다. 그것도 즐거운 일을 해야 한다. 사람마다 가치관이 다르기에 어떤 일을 할 것인가는 천차만별이다. 인생 2막은 새로운 시작이다. 도전이라고 말할 수 있다. 사람은 뭔가에 집중하고 열정을 쏟을 수만 있으면 살맛이 난다. 건강도 유지하면서 활기차고 의욕 있는 남은 여생을 살아가야 한다. 즉, 아름다운 인생을 펼쳐나가야 한다. 그렇게 하려면 인생 전략을 짜야 한다. 그것도 시간별로 구체적인 로드맵(roadmap, 이정표)을 작성해야만 한다. 로드맵은 그 의미가 '어떤 일을 추진하기 위해 필요한 목표, 기준 등을 담아 만든 종합적인 계획'이다. 그렇지 않으면 시간은 어영부영 하는 사이 속절없이 흘러가고, 어느새 인생의 끝자락에서 후회하는 삶이 될 것이다. 그래서 인생 2막 로드맵을 50대, 60대, 70대까지로 하고, 인생 3막은 80대, 90대, 100대 이상으로 구성했으면 하는 생각이다.

인생 2막은 50~70대까지의 연령대를 세분화하여 일을 함으로 향후 자신의 노후를 위한 복지를 구축하는 것이다. 인생 3막은 80세 이상 나이대를 세분화하여 이전부터 관심 있게 준비해 왔던 재능기부, 봉사, 취미·오락 등 여가 활동으로 건강을 관리하고 삶의 질을 유지하면서 인생의 마무리를 잘 준비하는 것이다. 삶의 질은 아주 중요하다. 삶은 오래 산다는 것보다는 가능한 한 큰 병이 없이 고통 없이 살다가 세상을 떠나는 것이 중요하다. 노년의 삶에 있어 질병으로 인한 고통은 신체의 고통뿐만 아니라 경제적 손실도 엄청나다. 단지 생명을 연장하기 위한 연명치료가 과연 삶의 질에 무슨 소용이 있겠는가? 그동안 자신의 삶을 돌아보고 자신의 삶을 반성을 할 수 있는 기회를 갖고, 삶의 여유를 갖자는 것이 인생 3막이다.

다시 정리해보고자 한다. 인생 2막은 삶의 중요한 3요소인 의식주를 확실히 마련하고 자신의 노후를 준비하는 인생이다. 인생 3막은 삶을 돌아보고 관조하는 시간으로, 인생을 잘 마무리할 수 있는 너무 소중하고 귀중한 시간이다. 이 세상에 자기의 이름을 정리하는 중요한 시간이다. 마지막 기회이다. 인생 3막에는 지금까지의 인생 계급장이 그다지 의미가 없다. 크든 작든 이 세상에 어떤 보람된 의미를 던질지를 생각해 봐야만 한다. 건강의 지혜를 유지하고 가족이나 주변 지인들에게 건강한 영향력을 주는 것은 아름답다. 남은 기간 아름다운 자연을 즐기고, 위대한 자연을 경외하며, 자연이 준 혜택을 맘껏 누리며 버킷리스트(bucket list, 죽기 전에 하고 싶은 일들을 적은 목록)를 작성하자. 남은 인생 한 번쯤 해보고 싶은 일, 혹은 죽기 전에 해야 할 일들에 한번 도전해 보자. 완수할 수도 있고, 도중에 포기할 수도 있고, 작심삼일(作心三日)이 될 수도 있겠지만. 그러나 도전한다는 것은 희망을 안겨준다. 희망은 역동성을 일으켜 의지를 불러온다. 의지는 하고자 하는 열정의 에너지를 공급한다. 이것이 삶의 활력이 되는 것이다.

어떻게 대비하고 준비할 것인가는 우리 모두에게 던져주는 과제인 것이다.

"내가 선한 싸움을 싸우고 나의 달려갈 길을 마치고 믿음을 지켰으니 이제 후로는 나를 위하여 의의 면류관이 예비되었으므로"(디모데후서 4장 7절, 8절)

언행을 바꾸면
삶이 변한다

*

우리는 매일 우리가 하는 말을 먹고 산다. 즐거운 말을 하면 괜스레 즐겁고, 행복한 말을 하면 행복하다. 그러나 짜증나거나, 욕설을 내뱉는 말을 하면 기분도 좋지 않고 맘도 편치 않다.

내가 자주 사용하는 말은 나의 영적인 단계를 말한다고 해도 지나치지는 않다. 또한 내가 하는 행동도 나의 신앙의 영적인 척도를 대변해 준다 해도 지나치지는 않다. 우리는 생각하면서 말을 해야 한다. 말을 속사포처럼 빠르게 한다거나, 청산유수(靑山流水)같이 논리적으로 말한다고 해도 그 사람 말 잘한다고 할뿐, 인격이 좋다고는 하지 않는다. 말이 어눌할지라도, 언변이 부족할지라도 언어의 표현을 가려서 상대방을 존중하여 말을 하는 사람도 있다. 그런 사람은 인격적이다. 대부분 행동도 가지런하다. 언행일치의 모습을 보여준다.

그렇다면 우리를 한번 돌아보자. 내 말은 어떨까? 내 행동은 어떨까? 그리고 말과 행동은 일치할까? 성경은 우리가 하는 말이 마음에서 나온다고 말한다. 진실한 말은 진심에서 비롯된다. 하나님 말씀을 경청하자. 그리고 그 말씀에 비추어 자신을 들여다 보자. 하나님은 우리를 깨닫게 해주셔서 항상 우리의 언행이 마땅히 해야 할 길로 인도해주신다.

한 입으로 두 말 하지도 말아야 한다(一口二言). 이중적인 행동이 되어서도 안된다. 말 잘하는 사람은 말하기 전에 일단 상대방 말을 잘 듣는다. 현명한 사람이다. 말은 상대의 말에 올바르게 응답하는 것이 바람직하다. 행동도 말한 상황에 올바르게 대응·조치돼야 한다. 하나님 말씀으로 변화되어 맘속에서 우러나오는 진솔한 말과 행동이 우리 삶을 바꾸고, 주위를 변화시키고, 사회와 나라를 바꾸고, 세상을 변하게 한다.

성경 마태복음 23장 13절, 15절, 23절, 25절, 27절 말씀을 보면 "화 있을진저 외식하는 서기관들과 바리새인들이여"와 같이 그들은 겉으로는 사람에게 옳게 보이되 안으로는 외식과 불법이 가득하다고 신랄히 비판하며 책망하고 있다. 그들은 구제할 때에 사람들에게 영광을 받으려고 회당이나 거리에서 외식을 일삼고, 기도할 때에도 사람에게 보이려고 하며, 금식할 때도 그들의 금식을 사람에게 보이려고 한다고 기록한다. 심지어는 과부의 가산을 삼키며, 거짓말을 행하며(디모데전서 4장 2절), 자기 눈 속에 박힌 들보는 보지 못하면서 형제의 눈 속에 있는 티끌을 빼라는 위선과 가식을 일삼는다(누가복음 6장 42절). 이들에게 임하는 종말에 대해 마태복음 24장 51절은 말한다. "외식하는 자가 받는 벌에 처하리니 거기서 슬피 울며 이를 갈리라."라고. 여기서 언급하는 외식(外飾)은 위선이다. 외식하는 사람들은 위선자이다. 그들의 종교행위는 엄격하고 철저했지만, 마태복음 23장 23절에 따르면 "율법의 더 중요한 의(공의)와 인(긍휼)과 선(믿음)은 버렸다." 자기의 위선적인 내면의 본 모습을 철저히 숨기는 이중적인 가면을 쓴 자들이다. 성경은 "외식하는 자들을 주의하라."고 하였다.

행동은 말의 표현이자 표출이다. 말을 조합하는 언어의 표현에 따라 행동거지도 다양하게 나타난다. 말의 향연으로는 정확하게 사람의 품격(品格)을 다 알 수 없지만 뒤따르는 행동거지를 통해 사람의 품격을 더 잘 이해하며 알 수 있다. 즉, 언행이 그 사람의 품격을 나타낸다. 말을 주의해야 하며 행동은 정제와 절제가 필요하다. 행동은 정제된 절제를 하여 말에 대한 일체(一體)를 이루어야만 한다. 말과 행동은 동일체(同一體)이다. 진정으로 가식 없이 분별력 있는 동일체 한 언행은 남에게 감동을 주고, 자기에게는 만족을 준다. 이 만족은 감동과 신뢰를 불러온다. 감동은 삶을 변화시킨다.

말이 아무리 번지르르하고 그럴싸하더라도 행동이 알맹이 없는 속 빈 강정과 같다면 누가 신뢰를 하겠는가? 하나님 말씀의 거울에 자신을 비추어 보자. 거기서 반사되는 나의 모습은 말과 행동이 일치되는 모습인가? 아니면 위선의 모습을 가진 외식하는 자의 전형적인 모습인가를 각성해보자.

마음이 음흉하고 불량하여 겉과 속이 다름을 뜻하는 표리부동(表裏不同)한 언행이 아니라 성숙함을 동반한 표리동일(表裏同一)한 언행으로 바꿔 인생을 변화시키자. 신뢰를 받고, 존경도 얻어 자존감도 높이고 삶의 질도 업그레이드(up-grade)되는 인생을 추구해보자.

믿음과 관련한 행함을 좀 더 살펴보자. 성경 야고보서에서는 '행함이 있는 믿음'을 강조했다. 야고보서 2장 14절 "만일 사람이 믿음이 있노라 하고 행함이 없으면 무슨 유익이 있으리요.", 2장 17절 "행함이 없는 믿음은 그 자체가 죽은 것이라.", 2장 20절 "허탄한 사람아 행함이 없는 믿음이 헛것인 줄을 알고자 하느냐.", 2장 26절 "영혼 없는 몸이 죽은 것 같이 행함이 없는 믿음은 죽은 것이니라." 2장 22절 "믿음이 그의 행함과 함께 일하고 행함으로 믿음이 온전케 되었느니라." 믿음에 더해져야 하는 행함을 보자. 베드로후서 1장 5절 "너희가 더욱 힘써 너희 믿음에 덕을 덕에 지식을, 지식에 절제를 절제에 인내를, 인내에 경건을 경건에 형제 우애를, 형제 우애에 사랑을 공급하라."

마찬가지로 동일체한 언행에 있어서 말에 행함이 없으면 인간 세상에서 무슨 유익이 있겠는가? 행함이 없는 말은 죽은 말이나 다름없다. 행함이 없는 말은 가치가 없고 허공치는 것에 불과하다.

"주 앞에서 낮추라 그리하면 주께서 너희를 높이시리라."(야고보서 4장 10절)라는 말씀과 같이 모든 이 앞에서 하나님 말씀에 합당한 말과 행동이 있는 믿음으로 산다면 주께 높임을 받을 뿐만 아니라, 분명히 삶이 변할 것이다.

인생 2막 그리고 3막(2)
_오메가

*

100세 인생을 자주 언급한다. 의학의 비약적 발전과 건강의료보험의 확산, 신체적 건강에 대한 주의와 관심으로 기대수명이 머지않아 실제로 현실화 될 것이다. 우선은 신체적으로, 정신적으로 건강해야만 평안한 노후 인생 2막 및 3막을 보낼 수 있다. 여기서는 100세 시대를 맞이하여 거창하고 장대한 이야기가 아니고 인생 곳곳에 스며드는 소소한 앞날을 보자는 것이다.

현재 의료복지시스템과 사회보장제도—직장 정년, 노후연금, 의료보험 등—는 대부분 우리 수명을 70~80세 정도로 가정하여 설계되었다는 점이다. 나이가 들다보면 전혀 생각지 못한 질환 등으로 인해 의료비 지출이 증가하고 노후를 나름대로 평범하게 살려고 해도 노후 경비가 만만치 않게 소모된다. 그래서 100세 인생의 시대를 맞아 노후를 대비하여 살아갈 힘을 기르고 축적해야 한다. 노후에 힘이란 무엇인가를 곰곰이 생각하고 준비하며 대비해야만 한다. 만약 힘을 비축하지 않는다면 노후를 평안하고 아름답게 보내기란 어려운 실정이다. 그리 녹록치가 않다. 아는 힘, 건강, 인격, 믿음에 더해 활동과 취미로 채워서 생겨난 힘도 있다. 그러나 일상의 생활을 영위하는 소비를 하고 모임, 애경사 등 기본적인 요건을 충족시켜 주는 활동자산도 필요하다. 우리는 신체적, 정신적 건강으로만 살아갈 수 없다. 활동자산이 뒷받침해야만 한다. 그러면 인생 2막과 3막을 어떻게 준비하고 마련하고 대처해야만 할 것인지 숙고해야 한다. 젊어서는 가치관인 사랑, 열정, 꿈, 희망, 우정 등을 간직하고 살았던 것이 매우 중요했지만 인생 2막 그리고 3막은 그러한 과정을 이미 수도 없이 지내고 난 이후의 현실 문제이다. 오랜 생각과 경험을 쌓았으니 좀더 단계적이며 구체적으로 인생 플랜(plan)을 수립해야 한다. 그리고 부지런하게 실행해야 한다. 행복이란 파랑새는 저절로 우리에게 다가오지 않는다. 파랑새를 쫓아가거나 오게끔 해야 한다. 인생에는 상수도 있지만 생각지 못한 변수도 있다. 그래서 100세를 맞는 인생이란 세월에서 하나님에 대한 믿음을 바탕으로 한 정신적 건강인 상수(常數)와 다양한 활동과 활동자산이라는 변수(變數)의 합(合)으로 정의하고 싶다. 상수와 변수가 일정하면 합도 일정하다. 반면 상수는 일정한데 변수가 작아지면 합도 작아진다. 상수가 작아지고 변수가 일정해도 합은 작아진다. 아무쪼록 인생이란 합이 상수와 변수의 합에서 상수와 변수가 균형있게 유지되거나 더 커지는 기회를 갖기를 바란다.

행복이란 비우고 내려놓는 삶이라고 혹자는 말한다. 지나친 욕심은 내려놓고 영혼이 강건하게 채워져야 할 것이다.

요한삼서 1장 2절 말씀 "사랑하는 자여 네 영혼이 잘됨 같이 네가 범사에 잘되고 강건하기를 내가 간구하노라."와 같이 아무쪼록 100세를 정신적으로 육신적으로 건강하게 맞이하길 기대하며.

커피 한잔의 추억

한국인 절반이 평균 6시간 이하의 수면을 취한다고 한다. OECD (경제협력개발기구) 국가 평균에 비해 41분 덜 잔다고 한다. 원인으로는 취업, 경제적 문제, 성공 스트레스, 인간관계, 사회적 불만, 각종 중독(일 중독, 게임 중독, 핸드폰 중독, 인터넷 중독 등), 갱년기 증상 등 여러 가지이다. 잠이 부족한 몽롱한 상태로 아침에 일어나면 커피한 잔으로 잠을 깨운다. 일터로 출근하여 커피 한 잔을 마시면서 워밍업을 한다. 점심 식사 후 마시는 커피는 아침 일과 후의 지침과 식사 후의 나른함을 싹 씻어준다. 피로가 날아가고 정신이 맑아지는 듯한 기분이 든다. 커피의 카페인은 오후 일과를 시작하는 촉진제가 된다. 커피는 기호식품을 넘어서 이제는 문화로 자리 잡았다. 커피 문화이다.

왜 남녀노소가 이토록 커피에 매료되는가? 천년을 넘게 이어 내려오는 불과 0.15그램의 커피 한 톨에. 우리의 일상은 커피와 연결되어 있다. 주변에 널려 있는 카페, 스터디 카페, 반려동물 카페, 카페와 브레드 하우스 등을 자연스럽게 접한다. 익히 아는 친숙한 스타벅스, 카페베네, 투썸플레이스, 톰앤톰스, 엔제리너스, 할리스, 이디야, 파스쿠찌, 커피빈, 커피베이, 커피스미스, 아티제, 폴바셋, 커피밀, 빽다방 등 체인점도 너무 많다. 한국인이 가장 좋아하는 음식료품 중의 하나는 커피이다. 2017년 조사에 의하면, 국내 성인 1명당 연간 커피 소비량은 377잔으로, 한국인은 매일 커피를 1잔씩 마시는 셈으로 가장 즐기는 기호식품이 된 것이다.

커피는 원래 이슬람 문명을 대표하는 음료다. 우리나라에 전통차(茶)와 막걸리가 있고, 유럽에 와인(wine)과 맥주가 있듯이 이슬람에는 커피가 있다. 즉, 커피는 이슬람의 와인인 것이다.

커피에는 문화가 스며들어 있다. 독일의 작곡가 바흐(Bach, 1714~1788년)는 '커피 칸타타'를 작곡하였다. 1734년경에 작곡되어 커피하우스에서 공연된 '코믹 오페라'이다. '커피는 어쩌면 이렇게 맛있을까'라는 내용도 있다. 바흐 당시의 커피 문화가 반영되어 있는 재미있는 작품이다. 독일의 철학자 칸트(Kant, 1724~1804년)의 깨어있는 이성(理性) 옆에는 항상 커피가 함께 하였다. 그 외 유럽 최고 지성들이라 일컫는 루소, 몽테스키외, 밀턴, 프로이드, 베토벤, 보들레르 등도 한결같은 커피 마니아(coffee mania)였다.

에티오피아에서 시작된 커피 문화는 아라비아, 유럽, 미국을 거치면서 커피가 머물렀던 곳마다 항상 정치, 문화, 예술의 꽃을 피웠다. 그 곳의 역사 절정기에 항상 커피가 있었다. 인류가 지구를 벗어나 우주를 향한 첫 발을 내딛을 때에도 아폴로 우주선과 NASA(미국 항공우주국) 통제실에는 커피가 함께 했다. 우리나라의 커피 역사는 고종으로부터 시작된다. 고종이 1896년 아관파천(러시아 공사관에 피신한) 시기에 커피를 처음 마셨다는 기록이 있다. 그러나 이전에 제물포가 개항하면서 설립된 외국인 전용 호텔에서 커피를 팔았을 것으로 보고 있다.

그러면 커피의 효능, 장점을 살펴보자. 매일 커피를 3잔 이상 마시는 사람은 마시지 않는 사람보다 위암에 걸릴 위험이 절반으로 떨어진다. 커피를 즐겨 마시는 사람은 간암 예방 효과가 60% 높아진다. 혈압 강화 효과가 있다. 하루에 커피 1~2잔(120~200mg) 정도 섭취하는 카페인은 대뇌피질 전반에 작용하여 사고력을 높이고 의식을 맑게 해 지적인 작업을 활발히 하도록 해준다. 커피는 신진 대사를 향진시킨다. 또 카페인은 글리코겐보다 먼저 피하지방을 에너지로 변환시켜 다이어트 효과가 있다. 커피 속의 카페인은 간기능을 활발하게 해 아세트알데히드 분해를 빠르게 하고, 신장의 움직임을 활발하게 하여 배뇨 작용을 촉진한다.

반면에 단점이 있다. 커피를 너무 많이 마시면 카페인 과다 섭취로 인해 부작용을 겪을 수 있어 주의해야 한다. 커피에 함유된 카페인의 각성효과 때문에 수면장애가 일어난다. 심지어 중추신경계가 흥분해 심장박동이 빨라지며 혈압도 상승한다. 가슴이 두근거리는 현상도 나타나고 두통도 겪을 수 있다. 권고하는 카페인 하루 섭취 허용량은 성인 400mg, 임산부 300mg이 적당하다. 일반적으로 원두커피 한 잔(150ml)에는 110~150mg, 인스턴트 믹스 커피 한 잔에는 60~108mg의 카페인이 들어 있어, 하루 3~4잔 이하로 마셔야 한다. 특히 잠에서 깨어난 직후에는 뇌를 깨우는 호르몬인 코르티솔이 분비되는데, 이때 카페인이 든 커피를 마시면 각성효과가 증폭돼 혈압이 오르는 등 부작용이 심해지므로 모닝커피는 몸에 좋지는 않다.

커피는 삶을 즐기고, 활력을 주는데 필수적인 기호식품으로 자리 잡았다. 분명한 것은 커피는 현대인의 취향이자 문화인 것이다. 일상의 활력소이며, 대화와 소통을 이어 주는 매개물이다. 커피 향기의 은은함은 머리를 맑게 해준다. 그러나 과유불급(過猶不及)이란 말이 있다. 정도가 지나치면 오히려 미치지 못함과 같다. 아무리 좋다고 너무 마시면 역효과가 생긴다. 적당히 마시면 몸에 좋지만 과하면 좋지 않다. 마시되 지나치거나, 중독돼서는 안된다.

인류가 커피를 마셔온 지는 대략 1,300여 년이 된다. 오늘날 지구상의 85%가 넘는 인구가 커피를 경험하고 있으며, 70% 이상의 인구가 커피를 마시고 있다. 술, 차, 주스, 청량음료 등 많은 종류의 음료가 있지만 커피도 소비자의 사랑을 받고 있다. 요즘과 같이 바쁘게 돌아가는 일상에서 커피는 짧지만 달콤한 꿈과도 같은 휴식과 삶의 여유를 준다. 커피의 맛과 향을 음미해 가며 또한 그 분위기를 마시면서 나의 마음과 주변을 살피는 여유의 시간을 갖게 해준다. 화창한 날씨에 커피를 마시면서 자연의 아름다움을 노래한다. 비가 오는 창 밖을 보며 마시는 커피 한 잔에 센티멘털한 감정을 블렌딩(blending)한다. 형형색색 옷 입은 가을에 커피 한 잔에 단풍을 떠어본다. 펑펑 내리는 함박눈에 바둑이와 노닐던 동심을 추억하며 커피 한 모금을 머금는다. 어느새 싸늘해진 바람 부는 날에 커피 한 잔은 몸을 따끈하게 하며 포근한 마음을 가져다준다.

한 잔의 커피는 몸과 마음을 새롭게 깨워준다. 맑게 깨어나는 정신으로 사색하고 토론할 때 인류의 사회, 문화, 예술뿐만 아니라 우리의 정신세계도 발전하였다. 커피의 역사 속에서 커피의 힘을 발견했고, 한편으로 커피는 일상의 역사를 움직이는 동력이 되었다.

일상에서 커피 한 잔은 마음의 휴식을 안겨주는 존재다. 커피 한 잔을 음미하면서 지혜를 터득하고 사람에 대한 사랑을 키우며 아름다운 자연을 만끽해본다. 한편으론 홀로 고독을 곱씹기도 하고, 박인환(1926~1956년)의 시 '목마와 숙녀'를 마음 속으로 읊조려 본다. 버지니아 울프(Virginia Woolf, 1882~1941년)도 생각해 본다.

커피에는 인생이 스며들어 있다고 혹자는 말한다. 커피만의 맛과 멋이 우리 일상에 즐거움을 준다.

봄의 예찬
계절의 전령사

*

자연은 참으로 오묘하다. 엊그제만 해도 잎사귀가 떨어진 앙상한 가지만 남은 나무들을 보며 서글픈 마음을 가졌건만, 어느새 봄은 소리 없이 우리 곁에 다가왔다. '소리 없는 계절의 전령사'가 봄을 알린다. 설레는 봄이다. 싱그러운 봄바람을 맞으며 쑥, 냉이, 달래 등 봄나물을 보면서 진정 봄이 왔음을 피부로 느낀다. 그러나 봄은 잠시 머무는 듯 하면서 금세 지나간다. 봄을 만끽할 여유도 없이 너무 빨리 지나간다. 꽃샘추위가 시샘이라도 부리듯 엄습하면 봄이라 느낄 새도 없이 봄은 그렇게 지나간다.

봄은 싱숭생숭한 계절이다. 겨우내 움츠렸던 마음을 설레게 한다. 만발한 꽃봉오리와 꽃내음이 유혹하는 계절이다. 봄을 노래하는 대표적인 것이 있다. 1979년 가수이자 작곡가(싱어송 라이터)인 이정선이 직접 작사까지 하여 부른 '봄'이란 제목의 동요 노래이다. 노래 가사말은 너무 아름답고 시적이다. 가사말을 음미해 보자.

저 넓은 들판에 파랗게

새봄이 왔어요.
가로등 그늘 밑에도
새봄이 왔어요.
모두들 좋아서 이렇게
신바람 났는데
아이야 우리 손잡고
꽃구경 가자꾸나.
한방울 두방울 내리는
봄비를 맞으며
개나리 진달래 잠 깨어
모두들 노래 부르네.
봄봄봄 봄이 왔어요.
우리의 마음 속에도
봄봄봄 봄이 왔어요.
봄이 왔어요.
휘~휘~휘~
새봄이 좋아서 이렇게
신바람 났는데
아이야 우리 손잡고
꽃구경 가자꾸나.
한방울 두방울 내리는
봄비를 맞으며
내 마음 종달새처럼

저 하늘 높이 나르네.

봄봄봄 봄이 왔어요.

우리의 마음 속에도

봄봄봄 봄이 왔어요.

봄이 왔어요.

동심을 자극하고 향수를 불러일으킨다. 아름다운 추억이 떠오르고 거기에 빨려 들어가게 된다. 잠시나마 바쁜 일상의 틀에서 탈출하여 소박하고 순수했던 아득한 꿈속을 거닌다. 과거의 시절이 너무 아름답다.

또 하나의 노래가 있다. 1965년 가수 박재란이 부른 '산넘어 남촌에는'이다. 지금까지도 사랑받고 있으며 봄이면 자주 방송으로 들을 수 있는 노래이다. 멜로디도 너무 마음에 와 닿고, 가사말도 시적으로 아름답다. 가사말은 우리나라 최초의 서사시이자 저항시 '국경의 밤'을 쓴 납북시인 김동환의 시이다.

산너머 남촌에는 누가 살길래 해마다 봄바람이 남으로 오네.

아 꽃피는 사월이면 진달래 향기 밀익는 오월이면 보리 내음새

어느 것 한 가진들 실어 안 오리. 남촌서 남풍 불 때 나는 좋데나.

산너머 남촌에는 누가 살길래 저 하늘 저 빛깔이 그리 고울까.

아 금잔디 넓은 벌엔 호랑나비떼 버들가 실개천에 종달새 노래

어느 것 한 가진들 실어 안 오리. 남촌서 남풍 불 때 나는 좋데나.

어느 것 한 가진들 실어 안 오리. 남촌서 남풍 불 때 나는 좋데나.

아 꽃피는 사월이면 진달래 향기 밀익는 오월이면 보리 내음새
어느 것 한 가진들 실어 안 오리. 남촌서 남풍 불 때 나는 좋데나.

또한 '산넘어 남촌에는'이란 제목으로 2007년 10월 24일부터 2012년 2월 26일까지 방영한 한국방송공사(KBS)의 텔레비전 드라마가 있다. 농촌의 모습을 현실적으로 생생하게 담아내었다. 잊혀져가는 농촌의 바쁜 일상생활을 통한 가족애, 농촌의 정서, 고즈넉한 살아가는 모습을 그려낸 서민·농촌 드라마다.

2012년 5월 20일부터 2014년 12월 28일까지 '산넘어 남촌에는 시즌2'가 방영되었다. 농촌에서 적극적으로 살아가는 젊은 부부와 마을 사람들의 이야기를 그린 전원 드라마다. 배경의 풍광은 변하는 자연의 아름다운 모습을 그대로 보여주는 뛰어난 작품이다. 다양한 애환에서도 넉넉한 인정을 주고받는 모습들도 감동적이다. 정제되고 가공된 이야기가 아니라 있는 그대로 살아가는 우리 일상의 진솔한 내용이다.

봄을 청춘의 계절이라고도 일컫는다. 인생의 황금기라 불리는 청춘(靑春)이란 말 그대로 '한창 젊고 건강한 나이 또는 그런 시절을 봄철에 비유하여 이르는 말'이다. 사계절 중 봄은 만물이 소생하는 계절이고, 젊음의 계절이다. 겨울의 차디찬 바람, 인고(忍苦)를 이겨낸 인동초가 방끗 웃는 봄이다. 약동하는 봄이다. 봄은 말 그대로 청춘이며 젊음이다. 젊음은 용기이다. 젊음이 있기에 실패를 겁내지 않는다. 혹여 도전하되 실패할 수 있는 용기도 있다. 어디론가 무작정 떠나게 한다. 청춘의 봄 여행을 맘껏 떠나보자.

따뜻한 남쪽부터 매화, 진달래꽃, 벚꽃 등이 앞다퉈 싱그러운 모습을 드러내며 새봄을 알리기에 바쁘다. 기나 긴 겨울 추위를 이겨내고 피어나는 꽃들은 생명의 신비를 실감케 한다. 얼마나 생명이 고귀한지를 알게 해준다. 그리고 얼마나 생명이 질긴지도 알게 해준다. 하찮은 미물(微物)도 생존하려고 딱딱한 얼음으로 덮인 동장군의 껍질을 깨고 나왔으니, 심지어 경외(敬畏)롭기까지 하다. 전국 산자락과 동산에는 형형색색 봄꽃 물결로 물들어져 있다. 겨울 찬바람을 이겨낸 꽃들이 만든 작품이다. 만개한 꽃들은 봄의 전령사이다. 꽃물결로 물든 모습을 보노라면 우리 마음도 뛰놀기 시작한다. 생명의 활력이 용솟음친다. 무언가를 해보고 싶은 욕구가 솟구친다. 의지가 생기고 마음이 설레며 심장의 고동이 쿵쾅거린다.

봄을 특정하는 꽃으로 산수유가 있다. 전남 구례군 산동면에 가면 산수유 꽃들이 펼치는 노란 꽃물결은 그야말로 장관이다. 산동면은 국내 최대 산수유 군락지로 약 1,000년 전 중국 산둥성(山東省)의 한 처녀가 산동면으로 시집올 때 처음 심었다는 얘기가 전해온다. 전국은 봄꽃축제로 들썩인다. 매화에 흠뻑 젖고, 진달래에 빠지고, 벚꽃에 취해 보자. 봄을 사랑한다. 봄을 가치 있게 해주는 따사로운 햇빛을 사랑한다. 우리 눈을 호강시켜 주고 마음과 몸을 소생케 하는 봄꽃들을 사랑한다. 매화, 진달래, 벚꽃, 튤립, 산수유, 철쭉, 유채꽃, 할미꽃, 수선화 등의 만개(滿開)를 축하한다.

'주 하나님 지으신 모든 세계'의 찬송으로 봄을 노래하고 찬양한다.

주 하나님 지으신 모든 세계 내 마음 속에 그리어볼 때
하늘의 별 울려 퍼지는 뇌성 주님의 권능 우주에 찼네.
숲 속이나 험한 산골짝에서 지저귀는 저 새소리들과
고요하게 흐르는 시냇물은 주님의 솜씨 노래하도다.
주 하나님 독생자 아낌없이 우리를 위해 보내주셨네 .
십자가에 피흘려 죽으신 주 내 모든 죄를 구속하셨네.
내 주 예수 세상에 다시 올 때 저 천국으로 날 인도하리.
나 겸손히 엎드려 경배하며 영원히 주를 찬양하리라.
주님의 높고 위대하심을 내 영혼이 찬양하네.
주님의 높고 위대하심을 내 영혼이 찬양하네.

습관 제어

*

습관을 습성이라고도 말한다. 습관에는 좋은 습관, 나쁜 습관이 있다. 습관을 다스리는 것은 참으로 어려운 일이다. 얼마나 다스리기 어려우면 '세살 버릇 여든까지 간다(三歲之習 至于八十)'는 속담이 있을까? 이는 오늘날에도 효용이 있는 교훈이다. 오래된 버릇은 고치기 힘들다. 어릴 적 생긴 나쁜 버릇은 고치기 힘들어서 나중에 늙어서도 계속 하게 된다는 뜻이다. 일반적으로 부정적인 의미로 많이 사용된다.

세살버릇 여든까지 간다는 말은 어릴 적의 습관이나 버릇, 행동 양식이 어른이 되고 나이를 먹어서도 고쳐지지 않는다는 말로 잘 쓰이는데 반드시 나쁜 뜻만 있는 것은 아니다. 어릴 적부터 책읽기를 좋아하면 자라서 상상력도 풍부해지며 창의성도 키워진다. 어려서부터 호기심과 모험심을 익힌다면 창의적 도전심도 배양된다. 어려서부터 인성 교육을 시키고 끈기를 가르친다면 장차 호연지기(浩然之氣)와 강인함을 갖출 것이다. 이 말이 주는 교훈은 세 살부터, 즉 어릴 때부터의 인성 교육의 중요성을 강조하는 것이다.

물론 좋은 습관만 있다면 아무 걱정 없겠지만, 세상 이치는 그렇지 못하다. 대부분의 사람들에게는 감추고 싶은 습관들이 하나쯤은 있다. 그 이상을 갖고 있는 사람들도 있겠지만. 우리는 습관을 특정한 행동의 무의식적 또는 의식적인 단순한 반복이라고 치부하며 넘긴다. 그리 대단하게 여기지 않고 대수롭지 않게 생각한다. 그러하기에 습관은 반복되고 되풀이된다. 그런데 삶에 미치는 영향이 상당히 크다. 좋은 습관이라면 계속해서 유지해야만 한다. 자신뿐만 아니라 타인에게도 좋은 영향을 준다. 그런데 나쁜 습관은 자신은 간과할지도 모르겠지만, 다른 사람들에게 좋지 못한 인상을 준다. 자신에게도 부정적인 영향을 끼친다. 그래서 몸에 밴 나쁜 습관을 고치기 위하여 부단히 노력해야 한다. 그런데 안타깝게도 부정적인 행동은 한 번 따라하기는 쉬우나 일단 몸에 배고 나면 고치기 어려운 경우가 많다.

 한편 좋은 습관은 몸에 배는 데 오랜 시간이 필요하다. 또 그에 비해 너무나 빨리 쉽게 원래대로 돌아가 버린다. 그래서 자신을 제어하여 습관을 다스리는 데 게을러서는 안 된다.

 습관을 다스리기 위해 무엇보다 중요한 것은 자신의 의지이다. 좋은 습관을 유지하는 것이든 나쁜 습관을 홀홀 털어 버리는 것이든 마음을 정했으면 끈기 있게 밀고 나가는 것이 필요하다. 또한 단시간에 어떤 결과를 보겠다는 조급함을 버려야 한다. 멀리 넓게 보는 여유를 잃지 않아야 한다. 그리고 좋은 습관을 위해 게으름으로 인한 타협의 여지가 없어야 한다. 오늘까지만, 이번 한 번만, 정해 놓은 선을 조금씩 물리다 보면 결국엔 아무 것도 남지 않는다. 작은 것이라도 좋은 습관을 구체적으로 정해서 장기간 꾸준히 연습했을 때 어떤 삶의 변화가 생기는지 시험(test) 또는 증명해 보며 삶의 즐거움을 느껴보면 어떨까?

사소한 것이 인생을 바꾼다. 좋은 생각으로 좋은 행동으로 자신과 많은 사람에게 유익이 되는 습관을 길러야 한다. 올바른 생각과 행동은 분명히 자신의 미래를 바꾼다. 습관을 다스려야 한다. 끈기와 의지와 집념으로 좋은 습관을 배양하여 우리의 장래를 바꾸자. 가능하다면 신앙에 기초한 군건한 좋은 습관으로 변화되는 삶을 살아가도록 하자.

희망을 품으며

*

철학에서 인간을 정의하는 용어는 다양하다. '소유냐 존재냐(To
Have or To Be)'의 저자로 유명한 독일 출생 미국 정신분석학자 겸
사회학자인 에릭 프롬(Erich Fromm, 1900~1980년)은 인간을 가리켜
호모 에스페란스(homo esperans) 즉, '희망의 존재'라고 하였다. 이
말은 인간은 희망에 기초를 두고 있는 존재라는 뜻이다. 인간의 존재
를 이야기할 때, 희망의 가치가 상당히 크다는 의미이다.

희망의 반대말은 절망이다. 같은 두 단어이지만 그 의미는 너무 차
이가 난다. 희망은 건강한 삶의 원리이다. 그런데 절망은 인간이 죽
음에 이르는 병이다. 그래서 이 세상에서 가장 불쌍한 사람은 희망이
없는 사람일 것이다. 우리가 살다보면 실망스런 감정을 갖는다. 실
망은 절망감을 불러올 수도 있다. 사람의 감정은 시시각각 변하고 그
감정의 영향을 받는다. 감정은 변화무쌍하게 요동치며 변하기도 한
다. 감정에 의존하고 감정에 지배받는 사람은 희망으로 살아가기가
쉽지 않다.

감정을 다스리면 희망으로 살아갈 수 있다. 종교는 절망 속에 빠진

우리들에게 희망을 준다. 절대자에게 의지하면 마음의 평안을 얻고, 평강이 깃든다. 기독교는 희망의 종교라고 말한다. 이는 기독교가 예수 그리스도께서 모든 절망과 죽음을 극복하고 부활하신 것을 믿는 종교이기 때문이다. 그러므로 희망과 절망이 교차하는 이 세상을 향하여 희망을 간직하며 희망을 선포하며 살아야 한다. 우선 실망이 생기더라도 실망의 마음을 오래 품지 않고 떨쳐 버려야 한다. 이는 우리의 의지만으로는 극복하기 힘들다.

성령(Holy Spirit)의 도우심을 받아야 한다. 성령은 하나님의 능력이시다. 하나님의 능력 안에서 새 힘을 얻고 새로운 희망으로 나아가야 한다. 역경과 위험에 직면했을 때 절망에 빠질 수도 있다. 냉철함이 요구되며 하나님을 의지해야 한다. 하나님은 사랑하는 자녀가 절망감으로 좌절하여 쓰러지는 것을 원치 않으신다. 하나님의 선하신 뜻을 따라 이 땅에 태어난 존재들이다. 살다보면 고난도 당하며 절망감이 생기고 자괴감이 생긴다. 고난에도 하나님의 뜻이 담겨 있음을 깨달아야 한다. 그럴수록 고난 가운데 희망도 생기고 희망 속에 살고자 하는 용기도 생긴다. 한 번만 주어진 인생이다. 모두 강하고 담대한 믿음으로 희망을 품으며 충실한 열매를 맺는 삶이 되길 기대한다.

욕심내지 맙시다

*

살아가는 데 동반되는 여러 가지 상태들이 있다. 여기서는 반갑지만은 않은 상태를 언급하고자 한다. 그 중에 하나가 스트레스이다. 우리가 사는 세상은 너무나 복잡하고 분주하기 때문에 아무런 스트레스 없이 산다는 것은 어쩌면 불가능하다. 조그마한 것부터 해서 심신을 짓누르는 과중한 스트레스도 있다. 작은 스트레스는 우리에게 자극이 되어 긴장을 시켜, 두뇌 활동을 촉진시키고 신체 활동에도 도움이 된다. 그러나 심한 스트레스 그리고 끊임없이 지속되는 스트레스는 심신에 해를 끼쳐 몸을 망가뜨리고 마음을 황폐하게 하니 큰 문제가 아닐 수 없다.

하나님께서는 우리의 연약함을 잘 아시기에 "네 모든 염려를 주께 맡기라."고 하신다. 또한 "네 길을 여호와께 맡기라 그를 의지하면 그가 이루시고 네 의를 빛 같이 나타내시며 네 공의를 정오의 빛 같이 하시리로다."(시편 37편 5~6절)라고 말씀하신다. 하나님께 모든 것을 맡기고 하나님 말씀을 믿고 기도하고 의지하면 평화와 기쁨이 넘친다. 평안이 깃들고 평강이 물 흐르듯이 흐른다. 감사의 눈물이 나온다. 믿음(faith)이란 하나님의 약속을 그대로 받아들이며 사는 것이다. 믿음은 하나님을 전적으로 신뢰하고 의지하는 것이다. 믿음이란 우리에게 임하시는 하나님의 뜻을 이루는 것, 언약의 약속이다. 하나님 말씀을 행하는 믿음으로 스트레스도 극복하고 이겨내야만 한다.

살아가는 데 반갑지 않은 또 하나는 과로다. 피로가 누적되면 탈이 난다. 물체도 계속되는 외부의 힘(하중이라 한다)으로 균열(크랙이라 한다)이 생기고, 이 균열이 성장하면 물체가 부러지는 파단 현상이 발생한다. 공학적으로 피로 파괴(fatigue fracture)라고 부르는데 사람에게도 지나친 피로가 누적되면 건강을 잃고 생명까지도 위험해진다. 우리 몸도 피로가 누적되면 얼마 가지 않아 균열이 생겨 병을 얻게 된다. 몸을 쉬게 하지 않으면 탈이 난다는 것을 모르는 사람은 없다. 아무리 바쁘더라도 안식을 취해야만 한다. 하지만 알면서도 그대로 하지 못하는 것이 우리의 모습이다. 그러다가 어느 날 갑자기 쓰러지는 것이다.

인간의 몸은 과부하에 약하다. 그래서 충분한 휴식을 취하여 심신의 상태를 원상 회복시켜야 한다. 건강하게 만들어야 한다. 덧나고 방전된 몸과 마음에 힐링(치유)이 필요하다. 한번 쓰러지면 회복이 늦어지고 때론 끝까지 회복이 안 되기도 한다. 건강은 건강할 때 지켜야 한다는 말이 절대로 틀린 말은 아니다. 하나님께서는 우리가 건강하기를 원하신다. 하나님이 만드신 육체와 바라시는 마음을 잘 지키고 유지하기를 바라신다. 그러므로 우리는 사도 바울의 권면에 귀를 기울여야 한다. "아무 것도 염려하지 말고 다만 모든 일에 기도와 간구로 너희 구할 것을 감사함으로 하나님께 아뢰라 그리하면 모든 지각에 뛰어난 하나님의 평강이 그리스도 예수 안에서 너희 마음과 생각을 지켜 주실 것이다."(빌립보서 4장 6~7절)라고.

욕심낸다고 해서 갖고 싶은 것을 모두 가질 수는 없다. 나를 얽매는 스트레스, 피로 등을 지혜와 절제로 다스리고 감사함으로 살아가자. 너무 욕심 부리지 말고, 삶의 모든 문제를 주님에게 맡기며 하루하루 감사하며 살아가자. 모든 것을 주님에게 맡김으로 자유롭고 기쁨 넘치는 삶을 살아가도록 하자. 우리의 연약함을 아시는 하나님께 모든 것을 맡기고, 하나님을 의지하면 우리의 연약함을 도우실 것이다.

"이와 같이 성령도 우리 연약함을 도우시나니 우리가 마땅히 빌바를 알지 못하나 오직 성령이 말할 수 없는 탄식으로 우리를 위하여 친히 간구하시느니라."(로마서 8장 26절)

플라스틱의 역습(1)

_폐플라스틱 · 미세 플라스틱의 공포

*

인간은 환경의 혜택에 감사가 부족하다. 환경은 계속 오염되고 있고, 우리가 버린 쓰레기와 폐기물은 종국에는 인간과 생물체에 재앙이라 부를 정도로 폐해를 끼치고 있다.

2019년 2월 23일자 중앙일보에 개재된 사진을 보고 참 마음이 서글프고 아팠다. 사진 제목은 '새끼에게 플라스틱 먹이는 알바트로스, 가슴 아팠다'이다. 부제를 붙인다면 '플라스틱으로 가득 찬 어린 알바트로스의 배, 충격을 던지다'라고 하고 싶다. 북태평양 미드웨이(midway)섬에 서식중인 아름다운 새 '알바트로스(albatross)'에 관한 이야기이다. 바다에서 구한 폐플라스틱 쓰레기인 플라스틱 조각을 먹이로 생각한 어미가 새끼에게 게워 먹이는 장면을 확대하여 찍은 사진이다. 북태평양 섬에서 일어난 한 예이다. 인간의 죄악으로 인해 야기된 한 장면이다. 또 다른 사진 한 장은 죽은 어린 새의 배 속에 가득 찬 플라스틱 조각을 보여주는 사진이다. 각종 플라스틱 쓰레기인 폐플라스틱이 인간의 건강은 물론이고 동식물에게까지 해를 끼치고 있다.

환경오염이 심각하다. 육지는 물론 바다에까지 폐플라스틱 쓰레기가 범람하고 있다. 자연환경은 몸살을 앓으면서 파괴되고 있다. 사람들이 만들어내는 일상 쓰레기는 물론 산업 폐기물과 폐플라스틱은 감소는커녕 계속 증가하고 있다. 산업 발전의 부산물인 것이다. 그 한 예로 사용을 다한 폐스마트폰에서 나오는 낡은 인쇄회로기판(PCB), 배터리, 폐플라스틱 등의 처리에 골머리를 앓고 있다. 재처리를 하여 재활용이 되어져야 하는데 그렇지 못한 현실에 있다. 소위 폐플라스틱의 소용돌이에 빨려 들어가고 있다고 해도 과언이 아니다. 갑갑한 실정이다. 세계는 플라스틱 쓰레기로 몸살을 앓고 있다. 플라스틱 쓰레기와 전쟁에 돌입했다. 플라스틱 빨대를 줄이거나 대체하고, 식기류, 플라스틱 물병(페트병)과 같은 생활용품, 산업용품을 줄이고자 애를 쓴다. 심지어 미국을 비롯한 G7(세계 주요 7개국)에서는 바다에 배출되는 플라스틱 쓰레기를 줄이자는 '해양 플라스틱 헌장'까지 협의하고 있다. 이해상충과 인간의 끝없는 탐욕이 있기에, 과연 개선될지는 두고 볼 일이다.

인간의 편의성 뒷면에 숨겨져 서서히 드러나는 문명의 이면이다. 북태평양의 작은 섬 미드웨이에는 백만 마리 이상의 '알바트로스'가 서식한다. 미드웨이섬은 제2차 세계대전 때 미국의 해군 항공기지였던 섬으로 잘 알려져 있다. 또 미드웨이 해전은 1942년 6월 5일 태평양의 전략 요충지인 미드웨이섬을 공격하려던 일본 항모기동부대가 벌떼처럼 기습적으로 달려든 미국 항공기의 공격을 받아 궤멸되어 참패를 당하고만 전투로도 유명하다. 미드웨이섬을 중심으로 한 전쟁의 과거와 현재는 다른 양상이다. 과거는 인간들 간의 전쟁이었다면, 현재는 '알바트로스'와 플라스틱과의 힘겨운 싸움이다. 눈물겨운 생존의 싸움이다. '알바트로스'는 먹이를 구하기 위해 16,000km 이상을 날아간다. 바다 표면에 떠 있는 먹이를 빠르게 낚아채어 먹는다. 바다로 떠내려 온 딱딱하고 단단한 플라스틱 쓰레기를 먹이로 착각하고 삼킨다. 배를 가득 채우면 보금자리인 미드웨이섬으로 돌아와서 새끼에게 음식을 게워 먹인다. 바다가 제공하는 것을 믿고 새끼에게 먹일 뿐이다. 사냥한 물고기 배속에 폐플라스틱이 들어 있는지도 모르고, 둥둥 떠다니는 폐플라스틱 조각을 먹이인 줄 착각하고 그저 새끼에게 먹이는 것이다. 뱃속에 플라스틱으로 가득찬 '알바트로스'가 얼마나 고통스럽게 죽어가고 있었을까?

인간이 함부로 버린 플라스틱은 미세 플라스틱과 조각이 되어 생물(포유류, 조류, 어류 등)의 먹이가 되고, 이는 2차로 인간에게 다시 먹거리로 되돌아온다는 사실을 직시해야만 한다. 먹이 사슬이라 하는 생태계는 순환이 되기 때문이다.

아무리 미세한 생물이라도 생명은 소중하기에 생명을 사랑하자. 바닷속은 범람하는 플라스틱으로 오염되어 가고 있지만 새파란 하늘과 에메랄드 빛 바다는 여전히 아름답다. 미드웨이섬에서 고통스럽게 죽어간 가엾은 '알바트로스' 주변에 펼쳐진 자연 풍광은 여전히 아름답다. 단, 지금도 폐허가 된 흉물스런 군사시설이 여전히 남아있지만. 아름다운 자연 속에서 인간의 무분별한 플라스틱 소비의 비참한 결말을 보지 않도록 하자.

하나님이 창조하신 생태계를 파괴하는 인간의 탐욕스럽고 무분별한 힘에 공포와 전율과 충격을 느낀다. 역설적으로 이런 참혹한 모습들이 다가오는 재앙에 대한 교훈을 미리 던져준다. 중요한 것은 자연을 사랑하고, 생명체를 사랑해야 한다는 것이다. 사소하게 여기고, 하찮게 생각하는 것이 나중에 얼마나 큰 재앙으로 엄습하는지 깨닫게 해주는 일례이다. 과연 우리가 이 문제를 인식하고, 어떤 의미 있는 행동으로 변화를 일으키느냐가 관건이다. 자연과 함께하는 세상은 아름답다. 그 아름다움을 더해주는 것은 '알바트로스'와 같은 아름다운 새의 존재가 있기 때문이다. 아름다운 세상을 지키는 것은, 자연을 사랑하고 자연과 생태계를 보존하려는 우리의 사명이다.

성경 갈라디아서 6장 7절 말씀 "사람이 무엇으로 심든지 그대로 거두리라."

변하지 않는 하나님의 법칙에 비추어 자연과 생태계를 관심과 사랑으로 지키는 지혜와 실천을 통해 심고 가꾸어 풍성한 결실을 맺기를 희망한다.

품질에 대하여

*

제품이나 서비스에는 품질이 있다. 현대는 품질이 곧 기업의 신뢰를 좌우하는 시대이다. 즉, 고객감동의 시대이다. 사용자인 고객이 한번 품질을 신뢰하고 감동하면 충성된 고객이 되는 반면, 한번 품질에 대한 신뢰가 추락하면 곧 제품이나 서비스는 즉시 중단되거나 사라져 버리게 된다. SNS 매체가 보편화된 현실에서는 호불호가 매우 무서운 속도로 빠르게 퍼지며 파급효과도 폭발적이다.

CTQ(Critical To Quality)는 경영에서 니즈(needs, 필요)를 분석하고 활용하는 방법이다. 그것은 사용자가 가장 중요하다고 생각하는 품질, 특성 등을 찾아내며, 사용자가 제품이나 서비스 등의 품질을 결정하는 핵심적인 평가이다. 이것은 고객 감동으로 귀결된다. 품질은 주요한 설계변수이며, 사용자의 요구에 따라 반영되어진다. 품질에는 다음과 같이 2가지가 있다.

첫째, 당연품질(Must-be Quality)은 사용자가 당연한 것으로 인식하는 품질이다. 따라서 이 품질은 사용자가 요구하는 요구품질이라고도 할 수 있다.

둘째, 감동품질(Delighter Quality)은 사용자가 감동하는 새로운 품질로 잠재적인 요구를 만족시키는 품질이다. 이를 매력품질이라고도 한다.

제품과 서비스에 있어서 다양한 품질이 있다. 가격, 성능, 가성비(가격 대비 성능), 기능, 디자인, 편리성, AS(애프터서비스), 내구성, 유지·보수, 안전성, 사용성, 호환성, 브랜드, 친절, 다양한 혜택 등 많은 내용들이 있다. 사용자는 원하는 품질 내용을 비교, 판단하여 구매의 우선순위를 결정한다.

그렇다면 이러한 CTQ의 품질을 나에게 적용해 보자. 나의 품질은 무엇인가? 특히 남에게, 이웃에, 사회에 감동을 줄 수 있는 매력품질은 무엇인가를 한번 생각해보자. 매력품질의 맛깔스러움은 감동이다. 나만의 차별화된 매력품질은 너(상대방)를 감동시킨다. 이 감동은 사람의 마음을 움직여서 신바람 나게 하고 신뢰와 활력이 생기는 언행으로 나타나게 한다. 그리고 반드시 그 대가가 빛을 발해 나에게도 유익이 되어 돌아온다. 한자성어와 속담을 인용하면 '사필귀정(事必歸正)', '말 한마디가 천 냥 빚을 갚는다', '가는 말이 고와야 오는 말이 곱다' 등 예로부터 내려오는 짧막한 말이지만 교훈을 준다.

내가 '남과 다른 즉 차별화된' 매력 품질이 친절이냐, 상냥함이냐, 배려냐, 관심이냐, 관용이냐, 섬김 및 봉사냐, 소통이냐 아니면 다른 고유의 어떤 것을 보유하고 있는지를 잘 파악하여, 그것을 발휘하고 적용한다면 언젠가는 나에게 커다란 유익으로 되돌아올 것이다. 그것이 바로 '모든 일은 반드시 바른 데로 돌아간다'는 사필귀정의 법칙인 것이다.

전도서 12장 14절 "하나님은 모든 행위와 모든 은밀한 일을 선악 간에 심판하시리라."

시편 9편 8절 "공의로 세계를 심판하심이여 정직으로 만민에게 판결을 내리시리로다."라고 말씀하시고 계신다. 하나님께서는 무엇이 나의 감동품질일까? 마음 속에서부터 나오는 선함이 진정한 감동이 될 것이다. 한번 나의 감동품질이 무엇인지를 생각해 보자. 그리고 감동을 줄 수 있는 매력품질로 경쟁력을 확보해보자.

플라스틱의 역습(2)
_빛과 그림자

*

플라스틱은 실생활과 산업에 엄청난 변화를 가져왔다. 플라스틱의 역사는 다음과 같다.

처음에 인공적으로 만든 합성수지는 미국 화학자 레오 핸드릭 베이클랜드(Leo Hendrik Baekeland, 1863~1944년)가 1907년에 발명한 백라이트이다. 천연수지와 별도로 합성수지라는 단어가 사용되어진 것은 백라이트가 갈색으로 투명하여, 천연수지의 송진과 비슷하기 때문이었다. 백라이트는 코르타르에서 얻어지는 페놀과 포르말린이 화학 합성된 페놀수지이다. 페놀수지 그 자체는 1872년 독일의 화학자 아돌프 폰 바이어(Johann Friedrich Wilhelm Adolf von Baeyer 1835~1917년)에 의해 합성되었지만 재료로서 이용 가능한 페놀수지의 개발과 공업화에 성공한 것은 백라이트이다. 백라이트는 난연성으로 내열성, 내약품성이 있고, 전기절연성도 뛰어나기 때문에, 실용적인 재료로 주목을 받아 광범위한 분야에서 사용되어지게 되었다.

백라이트의 발명은 플라스틱 시대를 알리는 계기가 되었고, 그 후 다양한 플라스틱이 개발되어졌다. 그리고 제2차 세계대전 후에 석유

화학공업이 발전하면서 석유에서 다양한 화학물질을 합성할 수 있게 되어 플라스틱은 다양화의 길로 들어서게 되었다. 처음에는 개발된 플라스틱 소재를 어떠한 곳에 사용할 것인가 하는 관점으로 플라스틱의 이용이 진행되었으나 근래에는 시장의 요구를 실현하기 위하여 어떠한 소재가 필요한가 하는 관점으로 플라스틱이 개발되고 있다. 지금까지 개발되어 온 많은 플라스틱은 범용 플라스틱이지만, 공업용 부품재료로서 사용할 수 있는 엔지니어링 플라스틱의 개발은 플라스틱이 금속을 대체할 수 있는 새로운 재료로서 그 이용범위를 대폭적으로 확대시킬 수 있게 되었다. 백라이트는 인류가 처음으로 인공적으로 합성하여 만든 플라스틱으로, 백라이트는 플라스틱의 아버지라 불리운다.

플라스틱은 반세기 동안 우리들의 생활 스타일을 크게 변화시켰다. 예를 들면, 우리들의 식생활은 플라스틱에 의해 크게 변화하였다. 편의점에서 다양한 도시락과 음료를 쉽게 구매하게 된 것은 플라스틱제 용기가 있기 때문이다. 그 외에도 우리들 주위의 많은 것이 플라스틱으로 만들어져 있다. 플라스틱이 없었다면 이 정도까지 우리의 생활이 편리하게 되지는 않았을 것이다.

플라스틱은 우리들에게 편리성을 제공해 주는 반면에 문제도 야기시킨다. 문명의 이기(利器)가 낳은 부작용이다. 우리는 플라스틱의 편리성이라는 이유로 플라스틱 제품을 많이 사용하고, 간단하게 버려왔다. 플라스틱은 우리 생활에 밀착되어 크게 공헌하고 있으나 그 이상으로 환경문제, 쓰레기문제, 안전문제 등의 문제점에도 깊이 관계하고 있다. 그러한 의미로 플라스틱이 포함하고 있는 대다수의 문제는 우리가 살고 있는 지구의 오염문제와 직결되어 있다 할 것이다.

플라스틱을 훌륭하게 사용하기 위해서는 플라스틱을 보다 잘 이해하고 그 장점과 단점을 냉정하게 지켜볼 필요가 있다. 플라스틱의 좋은 면을 최대한으로 살리며 나쁜 면을 최소한으로 줄이고 방지하려는 개선을 해야만 한다. 만약 플라스틱의 편리성만을 추구하여 플라스틱으로 인해 발생하는 문제점을 경시한다면 문제가 점점 심각하게 되어 버린다.

또 역으로 문제점만 부각하여 플라스틱을 나쁜 것이라고만 폄하해도 실생활에 많은 불편이 따른다. 플라스틱은 목적에 따라 여러 가지 성질의 물건을 만들 수 있기 때문에 만드는 법을 연구하면 인체에 해롭지 않고 자연친화적인 제품을 만들고 지나치게 불필요한 상품포장 등을 줄여서 꼭 필요한 상품과 최소한의 포장만으로도 최대한의 이익과 편리성을 추구할 수 있을 것이다.

플라스틱이 주는 편리성 때문에 많이 사용하게 되어 플라스틱 환경문제가 최근 들어 큰 이슈로 부각되고 있다.

목재를 환경에 방치하여 두면 미생물의 움직임에 의하여 부패된다. 그런데 플라스틱은 결정이 구조적으로 안정적인 물질이기 때문에 환경에 투기하면 분해되지 않고 잔존한다는 지적이 있다. 또 아무리 플라스틱이 안정된 물질이라 하더라도 장시간 비를 맞거나 직사광선에 쬐게 되면 분해하여 유해물질이 배출되거나, 플라스틱 그 자체가 유해물질로 변화하여 환경오염을 일으키는 가능성도 있다.

플라스틱 중에는 태우면 유독가스가 발생되는 것도 있다. 넓은 의미의 환경오염에서는 다이옥신(dioxin)의 발생이 문제가 된다. 다이옥신의 독성에 대하여는 발암성, 기형성(奇形性) 등이 있다고 알려져 있다. 다이옥신은 염소화합물과 거북목 구조를 지닌 물질이 저온에서 타면서 발생한다. 현재는 쓰레기를 분리하고, 다이옥신의 발생을 방지하는 소각로가 개발되고 있는 등 이전보다도 크게 개선되었다.

환경호르몬의 문제가 주목되고 있다. 호르몬은 신체 조직이나 기관의 활동을 조절하기 위하여 체내에서 만들어진 화학물질이다. 그런데 호르몬과 유사한 물질이 체내에 들어오면 호르몬과 같은 활동을 하기 때문에 생체에 영향이 생긴다. 이와 같은 물질을 환경호르몬이라 한다. 실제 성호르몬과 같은 작용을 하는 환경호르몬에 의해 패류의 수컷화와 게의 암컷화가 생긴다고 하는 사례도 보고되었다. 따라서 환경호르몬에 대하여도 지금까지 잘 알려지지 않은 일들이 많이 있다.

미세 플라스틱의 역습이라고 할 정도로 미세 플라스틱도 생태계를 파괴하고 있다. 궁극적으로 인간이 만든 플라스틱이 여러 단계의 먹이 사슬을 거쳐서 인간의 몸속으로 들어와 체내에서 호르몬의 작동 메카니즘에 영향을 끼치며 건강과 안전을 위협하고 있는 실정이다.

이와 같이 플라스틱은 실용성에 있어서 안전한 물질이지만 조건에 따라 유해물질도 된다. 잔류물질과 첨가제에는 환경호르몬으로 의심이 되는 것도 있다. 과학기술의 발달은 혜택과 동시에 위험을 내포하고 있다. 동전의 양면과도 같다. 빛과 그림자라고 표현하는 것이 옳을 듯 싶다.

아름다운 자연 환경은 하나님이 우리에게 주신 축복이다. 성경 창세기 1장 27절, 31절은 "하나님이 자기 형상 곧 하나님의 형상대로 사람을 창조하시되", "하나님이 지으신 그 모든 것을 보시니 보시기에 심히 좋았더라."라고 말씀하신다. 만물의 영장인 인간은 하나님이 창조하신 귀한 존재이다. 그리고 창세기 1장 28절~29절에서는 모든 동물을 사람에게 주시고 다스리게 하셨으며 모든 식물도 더하여 주셨다고 기록되어 있다. 자연을 포함하는 만물도 하나님이 창조하여 우리에게 주신 혜택이다. 우리가 동·식물을 포함하는 자연을 대할 때에도 하나님의 선하신 목적이 있음을 기억해야 한다.

종교는 인간 구원이다. 구원관은 종교마다 다르다. 기독교는 믿음으로써, 불교는 수행과 해탈로써 구원으로 나아가는 것이다. "하나님을 사랑하고 네 이웃을 사랑하라."는 가르침을 마음속에 새기며 아름다운 자연을 다스리고 지키는 공존과 더불어 인간 존중의 아름다운 세상을 만들어 나갔으면 한다.

인용 및 참고문헌

1. 안젤로 데바난다 수사 엮음 · 김형민 옮김, "마더 테레사 · 우리가 선포해야 할 말씀이신 예수", 가톨릭출판사, 2005.03.

2. 이국환 · 이승재 · 최문형 지음, "알파고시대, 신인류 인재육성 프로젝트", 아마존의나비, 2017.01.

3. 이국환 지음, "미래창조를 위한 창의성", 카오스북, 2013.07.

4. 대한성서공회, "성경전서(개역개정판)", 1998.08.

5. 박성호, "주일예배설교", 상도성결교회, 2018.12~2019.03.

   - 제72권 49호 · 52호

   - 제73권 3호 · 4호 · 6호 · 7호 · 10호 · 11호

6. 권용주 지음, "이기적 유전자 사용매뉴얼", 카오스북, 2013.08.

7. C. S 루이스 지음/장경철 · 이종태 옮김, "순전한 기독교(Mere Christianity)", 홍성사, 2011.03.

8. 이윤호 지음, "완벽한 한잔의 커피를 위하여", MJ미디어, 2010.07.

9. 이국환 지음, "4차 산업혁명의 핵심소재 플라스틱, 미래산업에 답하다", 기전연구사, 2019. 02.

10. 김남철 외 공저, "하늘양식", 도서출판 kmc, 2006.12.

11. 네이버(www.naver.com) 인터넷 검색.

12. 다음(www.daum.net) 인터넷 검색.

13. 구글(www.google.com) 인터넷 검색.

14. 조선일보, "착하게 살자 말하지만, 늘 실천하긴 어렵지요(청전 스님)", 2019.11.01.

15. 동아일보, "횡설수설 한국식 나이", 2019.01.03.

16. 조선일보, "러시아는 왜 1월에 크리스마스 맞을까", 2019.01.09.

17. 조선일보, "세 치 혀의 가벼움(칼이 된 말)", 2019.01.12.

18. 매일경제, "피로사회 대한민국 몸이 아닌 뇌를 푹 쉬게 하세요", 2019.01.16.

19. 동아일보, "김재호의 과학에세이", 2019.01.22.

20. 한국경제, "소포클레스와 민주주의(배철현의 그리스 비극 읽기)", 2019.01.19.

21. 한국경제, "영화 속 과학", 2019.01.19.

22. 조선경제, "실패를 이긴 벤처창업가들", 2019.01.28.

23. 동아일보, "왕은철의 스토리와 치유(달의 위로)", 2019.01.09.

24. 동아일보, "책의 향기", 2019.02.02.

25. 조선일보, "숨어있는 세계사", 2019.02.07.

26. 조선일보, "청년 미래탐험대 100인", 2019.02.07.

27. 조선일보, "이동귀의 심리학 이야기(칭찬의 역설)", 2019.02.14.

28. 조선경제, "꿀벌 모방하면 AI 개발 쉬워질 듯", 2019.02.14.

29. 중앙SUNDAY, "새끼에게 플라스틱 먹이는 알바트로스, 가슴 아팠다", 2019.02.23.

30. 중앙일보, "부끄러움을 아는 것", 2019.02.27.

31. 중앙SUNDAY, "사후세계에 대한 흥미로운 달변", 2019.02.23.

32. 매일경제, "노인연령 기준 수십개, 그때 그때 달라요", 2019.02.27.

33. 조선경제, "무심코 날린 풍선에 갈매기 죽는다", 2019.03.07.

34. 동아일보, "클릭! 재밌는 역사", 2019.03.13.

35. 동아일보, "긴 겨울 이겨내고, 전국은 지금 봄꽃 축제중", 2019.03.16.

36. 매일경제, "달 착륙 50년, 우주도전 명장면 쏟아진다", 2019.01.01.

37. 조선일보, "오윤희의 뉴스 저격", 2019.01.11.

38. 중앙일보, "종교개혁 500년(이정배 전 감신대 교수)", 2017.04.21.

39. 한국경제, "이상은 기자의 Global insight", 2019.03.23.

40. 한국경제, "소포클레스와 민주주의(배철현의 그리스 비극 읽기)", 2019.03.30.

41. 위키피디아(www.wikipedia.org).

에 필 로 그

　35년 가까이 연구개발(R&D)을 해 온 공학자로서 53권이 넘는 저서를 저술하였다. 그런데 그 중에는 공학과 인문학이 융합된 저서도 3권이 있지만, 처음으로 신앙 에세이를 삶을 중심으로 쓰고자 하는 열정이 불현듯 일어났다. 2018년 12월 말, 맘을 굳게 먹고 의지를 다졌다. 한편으로 열정도 있었지만 그 과정은 참으로 힘들고 어려웠다. 그렇지만 하나님께서 주시는 영감으로 시작했다. 2019년 무더운 여름 내내 초고를 두 명의 지인(목사, 집사)과 같이 수정, 보완 등의 편집과 감수를 여러 차례 하였다.

　너무 감사함을 드린다. 또한 기획부터 출간에 이르기까지 세심한 협의와 조언, 격려를 해준 MJ미디어의 대표, 편집장을 비롯한 관계자에게도 심심한 감사를 드린다. 그리고 주제마다 내용을 전개해 나가도록 동기부여를 해 준 '인용과 참고문헌'의 글쓴이들에게도 진심으로 감사를 드린다. 내용이 부족하고 논쟁거리도 있지만, 나름대로 객관성을 기본으로 주관적 입장을 접목했음을 해량해 주시길 바란다. 아무쪼록 이 책의 주제별 내용이 부분적으로나마 나그네 같은 인생에서 삶의 지혜를 얻고 위로를 찾았으면 한다. '아름다운 동행으로 행복한 공존을 이루어' 기쁨을 누려갔으면 한다.

예레미야 29장 11절 "너희에게 미래와 희망을 주는 것이니라."라는 하나님의 말씀을 상기하면서 미래를 향한 삶의 여정에 희망을 주는 동력이 되어 분명한 뜻을 세워 나갔으면 한다.

나그네 같은 인생에 조그마한 파동이 되어, 지혜의 샘물로 삶의 위로가 되는 여러 유익들도 생겼으면 하는 바람도 가진다.

다시 한 번 지은이의 부족함을 너그러이 양해하여 주시길 바라며, 독자들에게 감사를 드린다.

에이레네

"내가 세상 끝날까지 너희와 항상 함께 있으리라."
"I am with you always, to the end of the age."
(Matthew 28. 20)

지은이 소개

이 국 환

한양대학교 정밀기계공학과와 동 대학원을 졸업한 후 한국산업기술대학교에서 기계시스템응용설계 관련 박사학위를 받았다. 30년 이상 대우자동차 연구소, LG전자 중앙연구소, 기계 및 전자ㆍ정보통신, 의료기기 산업 등에서 아주 다양한 융ㆍ복합기술 분야의 첨단 R&D, 제품개발 및 프로젝트를 수행하였다. 주요 내역은 다음과 같다.

- LG전자 특허발명왕 2년(1992년~1993년) 연속 수상(회사 최초)
- LG그룹 연구개발 우수상 수상(1996년) - 국내 최초 및 세계 최소형ㆍ최경량 PDA(개인휴대정보단말기) 개발로 1996년 한국전자전시회 국무총리상 수상
- 문화관광부선정 기술과학분야 우수학술도서 저술상 3회 수상(1998년, 2001년, 2014년)

한국산업기술대학교에서 교수로 정부 R&D 개발사업화 과제 선정 및 평가위원장 등 다수 역할을 맡고 있다. 또한 다양한 융ㆍ복합기술 분야에서 창의적이며 혁신적인 지식재산권(PM : Personal Mobility, 전동 개인이동수단) 관련 다수의 국내 특허와 미국특허, 중국특허, 해외특허(PCT 출원중)를 보유하고 있으며 이를 적용한 제품과 시스템 개발에도 열정을 쏟고 있다.

현재 상도성결교회 장로 직분으로 신앙생활을 해오고 있다. 20여년 이상 교회학교 교사로 봉사를 해왔으며, 재능기부를 통한 미래의 주인공인 젊은 세대에 관심을 갖는 사역을 진행 중이다.

저서로는 〈미래창조를 위한 창의성〉, 〈알파고시대, 신인류 인재육성 프로젝트〉, 〈4차 산업혁명의 핵심소재 플라스틱 : 미래산업에 답하다〉 〈최신 제품설계(Advanced Product Design)〉, 〈최신 기계도면 보는 법〉, 〈제품설계ㆍ개발공학〉, 〈제품개발과 기술사업화 전략〉, 〈동시공학기술(Concurrent Engineering & Technology)〉 등 제품설계 및 개발, R&D, 기술사업화, CAD/CAE 분야에 있어, 제품설계 및 생산에 이르는 전분야(전주기)에서 총 53권의 관련 저서가 있다.